Ursula Gareis

Kinder entdecken Otmar Alt

Die kunterbunte Fundgrube
für den Kunstunterricht

PERSEN

Gedruckt auf umweltbewusst gefertigtem, chlorfrei gebleichtem und alterungsbeständigem Papier.

1. Auflage 2005
© Persen Verlag GmbH, Buxtehude

4. Auflage 2014
© Persen Verlag, Hamburg
AAP Lehrerfachverlage GmbH

Das Werk als Ganzes sowie in seinen Teilen unterliegt dem deutschen Urheberrecht. Der Erwerber des Werkes ist berechtigt, das Werk als Ganzes oder in seinen Teilen für den eigenen Gebrauch und den Einsatz im eigenen Unterricht zu nutzen. Die Nutzung ist nur für den genannten Zweck gestattet, nicht jedoch für einen weiteren kommerziellen Gebrauch, für die Weiterleitung an Dritte oder die Veröffentlichung im Internet oder in Intranets. Eine über den genannten Zweck hinausgehende Nutzung bedarf in jedem Fall der vorherigen schriftlichen Zustimmung des Verlages.

Sind Internetadressen in diesem Werk angegeben, wurden diese vom Verlag sorgfältig geprüft. Da wir auf die externen Seiten weder inhaltliche noch gestalterische Einflussmöglichkeiten haben, können wir nicht garantieren, dass die Inhalte zu einem späteren Zeitpunkt noch dieselben sind wie zum Zeitpunkt der Drucklegung. Der Persen Verlag übernimmt deshalb keine Gewähr für die Aktualität und den Inhalt dieser Internetseiten oder solcher, die mit ihnen verlinkt sind und schließt jegliche Haftung aus.

Gesamtherstellung: Ludwig Auer GmbH, Donauwörth
Überarbeitung: MouseDesign Medien AG, Zeven

ISBN 3-8344-**3538**-4

www.persen.de

Inhalt

1. Begegnung mit Kunstwerken 5
   1.1 Otmar Alt 5
   1.2 Didaktisch-methodischer Kommentar 9

2. Bausteine für den Unterricht 14
   2.1 Wesen mit seltsamen Namen 14
   2.2 Bunte Katzenviecher 21
   2.3 Katzenplastiken 30
   2.4 Stadtmusikanten gibt es nicht nur in Bremen 33
   2.5 Typen vom Zirkus 38
   2.6 Der Conferencier 42
   2.7 Ein Clowngesicht 45
   2.8 Zirkuslandschaft 48
   2.9 Lustige Buchstaben 51
   2.10 Ein Fensterzoo 61
   2.11 Funkelnde Fenster – Leuchtende Laternen 67
   2.12 Das Tor der Sehnsüchte 73
   2.13 Eine Brille für jede Gelegenheit 79
   2.14 Ein besonderes Geschirr 85
   2.15 Ein Theater in der Schachtel 88
   2.16 Computerbilder 91
   2.17 Wandbilder auf Seide 93

3. Literaturangaben und Internetadressen 95

4. Platz für eigene Ideen 95

Vorwort

Während meiner Unterrichtstätigkeit an der Volksschule Schwarzenbach/Wald hatte ich 2002 das große Glück, dass im Nachbarort Bad Steben im Grafikmuseum Stiftung Dr. Schreiner eine Ausstellung mit Bildern und Skulpturen Otmar Alts stattfand.
Mit Kindern von der 1. bis zur 7. Klasse bot sich die Möglichkeit, diese Ausstellung in kleinen Gruppen zu besuchen. Dr. Schreiner war sehr zuvorkommend und erlaubte uns, Zeichenblock und Stifte mitzubringen. So saßen und lagen die Kinder vor den Werken Otmar Alts und zeichneten diese ganz oder nur einzelne Elemente davon eifrig ab. Einige Kinder entwickelten auch schon hier in der Bildsprache Otmar Alts eigene Vorstellungen.
Die Begeisterung der Kinder über die Werke Alts war groß, sodass ich weitere Einheiten plante und mit den Kindern erfolgreich durchführte.
Im Laufe von zwei Jahren entwickelte ich mit immer anderen Kindern und Lerngruppen viele weitere Unterrichtsideen, die hier in diesem Buch zusammengestellt wurden.

Bei dieser Gelegenheit möchte ich mich bei den Kolleginnen und Kollegen bedanken, die mich dabei tatkräftig unterstützt haben. Mein besonderer Dank gilt jedoch den Kindern der Volksschulen Schwarzenbach/Wald, Selbitz und Konradsreuth für ihr eifriges und freudiges Gestalten.

Ihnen und den Kindern Ihrer Klassen wünsche ich ebensoviel Freude beim Entdecken von Otmar Alt wie wir es in den ganzen Jahren hatten.

Uschi Gareis

1. Begegnung mit Kunstwerken

1.1 Otmar Alt

1940 wird Otmar Alt am 17. Juli in Wernigerode im Harz als Sohn des Kirchenmusikers und Musiklehrers Rudolf Hermann Alt und der aus einer Kaufmannsfamilie stammenden Dorothea Stiemke geboren.

1945 wird die Wohnung des Vaters ausgebombt und das Vermögen der Familie geht verloren. Dadurch wechselt der Wohnort mehrfach.
Der Junge erhält seit seinem sechsten Lebensjahr Klavierunterricht und lernt später auch, Klarinette zu spielen.
Die Begegnung mit der bildenden Kunst ist eher beiläufig.

1951 siedeln Mutter und Sohn dauerhaft nach Berlin-West über; der Vater ist auf den Lebenserwerb als Reiseleiter angewiesen und lebt meistens von der Familie getrennt.

1956 schließt Otmar Alt seine Schullaufbahn mit der Mittleren Reife ab.

1956–1958 macht Otmar Alt eine Lehre als Schaufenstergestalter und Plakatmaler. Die Gesellenprüfung besteht Alt hervorragend, er wird mit einem Preis ausgezeichnet.
Während der Berufsausbildung entwickelt sich ein verstärktes Interesse an Mode und führt zu dem Wunsch, Modezeichnung zu studieren.

1958 stirbt der Vater.

1959 beginnt Alt mit dem Studium an der Meisterschule für Kunsthandwerk, Berlin.
Alt verdient seinen Lebensunterhalt teilweise durch das Spiel in einer Jazzmusikergruppe – die „Selfworkers" – er spielt dort Klarinette und Saxophon.

1960–1966 studiert Otmar Alt an der Hochschule für Bildende Künste zu Berlin, wo er 1964 Meisterschüler bei Herrmann Bachmann wird.
Gemeinsam mit Waldemar Grzimek bezieht er ein Atelier an der Görrestraße. Es entstehen Werke wie BALDI, DER FRÖHLICHE, PINGUIN I UND II und DER TRAUM DER WIESE.
Etliche Auslandsreisen: nach Finnland, zur Kykladeninsel Tinos in Griechenland, ein Urlaubssemester in Paris und Besuche der USA und Kanadas.

1964 findet seine erste Ausstellung im Like Bari, einer Berliner Gaststätte, statt.

1965–1966 arbeitet Alt als Bühnenbildassistent in Trier und Frankfurt; Einzelausstellungen in Galerien finden statt.
Er heiratet die Pharmazeutin Inge Papenfuß, geb. 1942, genannt Pinguin.

1966 wird bereits seine zweite Einzelausstellung in der Berliner Galerie Katz ein von Publikum und Kritik vielbedachtes Debüt.

1967 nimmt er an verschiedenen Ausstellungen in der Bundesrepublik Deutschland teil.
Er erhält den Franz-Roh-Preis für KÖNIG WOLKE.

1968 entwirft Alt ein großes Puzzle für den Kunstverein für die Rheinlande und Westfalen und fertigt Linoldrucke für das Buch *Kinguine* an.

1969 beginnt er mit Plastiken (Keramiken und Bronzen, wie der Stier von den Osterinseln).
Reisen nach Island und Grönland folgen.

1970 wird sein Sohn Fabian geboren. Weitere Keramiken und Illustrationen von Kinderbüchern folgen.

1971 wird der Künstler im Dokumentarfilm *Vorfrühling* porträtiert.
Alt unternimmt eine Südseereise.

1972 stirbt sein Sohn Fabian nach einer postoperativen Infektion.
In diesem Jahr stellt Otmar Alt in der Kunsthalle Düsseldorf aus und entwirft die Olympia-Plakate, München. Wandgestaltungen im Kurhaus Badenweiler, in der Ingenieurschule Furtwangen und in der Pädagogischen Hochschule in Kiel folgen.

1973 erarbeitet Alt sich die Technik der Radierung und Lithografie.
Die große Veränderung erscheint bei einem Verlag, ebenso die Radierfolge Mondgrillentaucher.
Er fertigt auch Entwürfe für Schmuckstücke an.

1974–1977 hält Alt sich in Italien auf. Unfalltod der Ehefrau Pinguin. Fertigstellung einer Serie farbig gefasster Holzplastiken.

1977 findet eine Ausstellung im Düsseldorfer Kunstverein statt.
Ansiedlung in Hamm-Norddinker in einer ehemaligen Landschmiede. In den folgenden Jahren wird das Anwesen saniert und ausgebaut, um dem Zweck eines Künstlerateliers zu genügen. Aufbau einer Menagerie mit seltenen Hühner- und Wasservögeln sowie Nandus und Lamas.

1978 arbeitet Otmar Alt an Ideen und Entwürfen für die Firma Rosenthal, Selb.

1979 stellt er Eisenplastiken für die Bundesgartenschau in Bonn her.

1980 entstehen Serien von Bildern und Aquarellen und Arbeiten für Rigips und Rosenthal.

1981 entwirft Alt einen Springbrunnen für die Tierklinik Hochmoor und fertigt weitere Keramiken an.

1982 erscheinen der Film *Der Mann aus dem Rote-Grützland* und erotische Aquarelle für das *Liebesbuch der Elefanten*.

1983 gestaltet Alt den Innenhof der neuen Zahnklinik der Universität Regensburg. Eine Schmuckserie mit Sternzeichenmotiven erscheint.

1984 entstehen neue figurative Bilderserien und Eisenplastiken und die Großplastik Wolkenschaukel für die Fußgängerzone in Hamm.

1985 entwirft Alt einen Springbrunnen für die Stadt Wiesloch und einen Paravent für die Firma Rosenthal, Selb.

1986 entwirft er erneut einen Springbrunnen, dieses Mal für die Stadt Duisburg. Das Uhrenobjekt Coq o'Clock für die Firma Rosenthal, Selb, entsteht.

1987 stellt Otmar Alt eine Stahlplastik für die Stadt Kamen her.
Vorarbeiten für eine größere Museumsausstellung werden gemacht.

1988 entsteht der Springbrunnen für ein Geschäftshaus in Friedberg.
Eine retrospektiv angelegte Ausstellung in der Kunsthalle in Bremen findet statt.

1989 stellt Alt in den Städtischen Museen Heilbronn und im Museum Hamm aus. In diesem Jahr bekommt auch die Stadt Hamm einen Springbrunnen.
Die Gestaltung des Kanalschiffes *Eckeneckepen* anlässlich des Hafenjubiläums in Hamm folgt.
Bühnenbild und Ausstattung für das Theaterstück *Die kleine Hexe* von Otfried Preußler, aufgeführt vom Westdeutschen Tourneetheater, Remscheid, werden entworfen.

1990 stellt der Künstler neue Glasplastiken auf der Veste Coburg, im Kunstgewerbemuseum Berlin und im Glasmuseum Frauenau aus.
Es folgt die Präsentation *Kunst im Warenhaus* bei Karstadt, Düsseldorf. Neue Plastiken aus Edelstahl.

1991 entwirft Otmar Alt Bühnenbild und Ausstattung für *Der Geizige* von Moliére, aufgeführt vom Westdeutschen Tourneetheater, Remscheid.
Große Installation im Maximilianpark Hamm.
Otmar Alt erhält den Kulturpreis Deutscher Freimaurer.
Die Otmar-Alt-Stiftung wird gegründet.

1992 findet eine Aktion auf dem Prinzipalmarkt in Münster statt.
Eine Bronzeplastik für den Allwetterzoo Münster entsteht.
Erstmals gestaltet Alt Telefonkartenmotive.

1993 fertigt Alt Tierplastiken für den Tierpark Bochum an.
Eine Ausstellung im Kulturhistorischen Museum Merseburg und eine große Ausstellung Glasplastiken im Badischen Landesmuseum, Karlsruhe, finden statt.
Alt beginnt eine neue, langfristig angelegte Werkserie zum Thema Zirkus und Clowns.

1994 findet eine große Werkschau im Von-der-Heydt-Museum, Wuppertal, statt.
Ausstellung von Objekten im Westfalenpark, Dortmund.
Er entwirft das Bühnenbild zu *Figaros Hochzeit*.
Vergabe der Ehrenbezeichnung an Alt und somit Aufnahme in den Kreis der *Bürger des Ruhrgebiets*.

1995 finden verschiedene Ausstellungen statt: VW AG/Haus Rhode, Königslutter, SECURIAS, Bremen, Mönchehaus-Museum, Goslar.
Herstellung von Wandbildern für die neu gestaltete Station für Schmerztherapie, Johannes-Krankenhaus, Bielefeld.
Gestaltung einer Brunnenplastik und einiger Großskulpturen für ein Einkaufszentrum in Dormagen.

1996 stellt Alt in Krakau aus und entwirft den GENGENBACHER ADVENTSKALENDER. Dabei werden die 23 Fenster des barocken Rathauses als Adventskalender gestaltet.
Die Otmar-Alt-Stiftung wird eröffnet.

1997 Ausstellungen im Gustav-Lübke-Museum und in der Stadthausgalerie in Verbindung mit der Aktion „Alt"-Stadt Hamm.
Präsentation des VW Golf Art Edition.
Ausstellung in der Kunsthalle Darmstadt.
Aktion Erlebniswelt Tankstelle der Deutschen Shell AG Hamburg.

1998 gestaltet Otmar Alt zwei Skulpturen für den Spiele- und Freizeitpark der Ravensburger AG in Ravensburg/Liebenau und einen VW Beetle im Auftrage der VW AG.
In diesem Jahr wird ihm auch das Bundesverdienstkreuz verliehen.

1999 entwirft der Künstler eine Großplastik für das Stadttheater Hof und gestaltet Wände im Kolping-Wohnheim Wiederitsch sowie zwei Skulpturen.

2000 wird er zum künstlerischen Beauftragten der Landesgartenschau Oelde 2001.
Aktion „Alt"-Stadt Celle – Kunst in der Stadt ernannt.
Retrospektive in der Zitadelle-Spandau, Berlin.
Beginnt er mit der Arbeit an den Serien INNENANSICHTEN DER MODERNE.

2002 gestaltet Alt Bühnenbild und Ausstattung für das Ballett *Höhle des Herzens*, Stadttheater Hof.

2003 entwirft er Bühnenbild und Ausstattung für das Ballett *Der Nussknacker*, Stadttheater Hof.

2004 bekommt Otmar Alts MALBÄR den Steiff®-Adelsbrief und den begehrten „Knopf" fürs Ohr.

2005 wird Otmar Alt der *Steiger Award* verliehen; ein Preis für besondere Leistungen im Bereich Kunst und Kultur.
Die Premiere der Oper *Die Eroberung Mexikos* findet statt, für die Otmar Alt die Ausstattung entworfen hat.

Otmar Alt (geb. 1940) errang zahlreiche Auszeichnungen und Ehrungen und zählt heute zu den erfolgreichsten deutschen Gegenwartskünstlern.

Otmar Alt hat sich in allen Bereichen der bildenden Kunst durchgesetzt. Als außerordentlich vielseitiger Künstler entwirft oder realisiert er neben **Bildern** in **verschiedenen Techniken** auch **Grafiken, Plastiken** aus unterschiedlichsten Materialien, **Keramiken, Wandgemälde, Tapeten,** er gestaltet **Brunnen, Uhren, Schmuck, Teppiche, Emaillebilder,** entwirft Designs für **Porzellan** und **Kleider,** lässt Bühnenbilder erstehen und macht **Filme** – seiner Produktivität und Experimentierlust scheinen kaum Grenzen gesetzt.

Es ist Alt gelungen, seinen erstaunlichen Einfallsreichtum und den eigenen Stil – besonders in der Farbgebung – beizubehalten. Kennzeichnend für seinen Stil ist, dass seine Werke aus puzzleartig zusammengesetzten Farbfeldern mit präzisen Umrisslinien bestehen. Er verwendet meist reinbunte Farben, deren Leuchtkraft durch die Umrandung noch gesteigert wird. Tiere, vor allem Katzen, seltsame Wesen und die Zirkuswelt sind seine vorrangigen Themen.

Otmar Alt lebt heute in **Hamm** inmitten eines kleinen Privatzoos.

1.2 Didaktisch-methodischer Kommentar

Die aktive Werkbetrachtung findet im Kunstunterricht aller Klassen eine immer größere Bedeutung. Dabei sind es vor allem die Künstler des 20. Jahrhunderts, welche die Kinder aller Altersstufen besonders ansprechen und zum Gestalten anregen. Doch wie enttäuscht sind die Kinder jedes Mal, wenn sie erfahren, dass der besprochene Künstler leider schon tot ist – und dies ist ja bei den bekannten Künstlern oft der Fall.

Mit Otmar Alt steht nun ein deutscher Künstler im Mittelpunkt unserer Betrachtung, der erfreulicherweise noch lebt und dessen Werk im besonderen Maße zur Nach- und kreativen Umgestaltung geeignet ist. Kennzeichnend für seinen Stil ist, dass seine Werke meist aus mehreren bunten Teilen oder Flächen bestehen, die mit Schwarz voneinander abgegrenzt und puzzleartig zusammengesetzt sind. Er verwendet meist reinbunte Farben, deren Leuchtkraft durch diese schwarze Umrandung noch gesteigert wird.

Am Anfang dieses Buches steht eine ausführliche Biografie des Künstlers, die sowohl Einblick in das Privatleben Alts, das die Kinder erfahrungsgemäß besonders interessiert, als auch einen Überblick über sein umfangreiches Schaffen gibt.

Die sich anschließenden Kapitel stellen keine Unterrichtssequenzen im herkömmlichen Sinne dar, sondern es handelt sich um gut aufbereitete Unterrichtsideen, aus denen Sie auswählen können. Da sowohl die Thematik als auch die Gestaltungsgrundlagen und Techniken wechseln, besteht durchaus die Möglichkeit, Otmar Alt als komplettes Projekt abzuhandeln, ohne dass es den Kindern langweilig wird.

Ich habe als Hinführung zum Künstler das Kapitel *Wesen mit seltsamen Namen* (s. S. 14 ff.) gewählt. Es ist jedoch durchaus möglich, eine andere als Einstieg zu nutzen.

Die vorgestellten Anregungen wurden in der 1. bis zur 7. Klasse erprobt. Ich konnte bei meinem Arbeiten feststellen, dass die Kinder in diesen Altersstufen gleichermaßen fasziniert und motiviert waren. So richten sich die in den nachfolgenden Kapiteln aufgeführten Gestaltungsmöglichkeiten zwar vor allem an Kinder der Grundschule, können aber auch in höheren Klassen durchaus noch eingesetzt werden.

Nun ist Otmar Alt ein Künstler, dessen Werke nicht nur in Museen und Galerien zu finden sind, sondern einer, der uns in unserer Umgebung oft begegnet. Vor allem Kinder des Ruhrgebiets werden leicht die Möglichkeit haben, Werke von Alt im Original betrachten zu können. Wer die Augen offen hält, findet ihn auch im täglichen Leben wieder, sei es auf Geschirr, Telefonkarten oder – wie ich kürzlich entdeckte – sogar auf einer Urkunde, die in einer Metzgerei hing.

Doch meistens reichen diese Werke für eine Arbeit im Unterricht natürlich nicht aus und Sie werden auf Reproduktionen zurückgreifen müssen. Dazu gibt es Bücher mit einer Auswahl von Werken Otmar Alts (vgl. S. 95) oder auch Postkartensätze, die günstig im Handel erhältlich sind. Es bietet sich jedoch auch an, Farbkopien oder Farbfolien[1] herzustellen.

Die Materialangaben beinhalten oft Auswahlangebote, die von Ihnen noch variiert und ergänzt werden können.

Die Zeitangaben können natürlich nur eine ungefähre Richtlinie sein, sind aber meist reichlich bemessen.

Aus den Zielen, die mit den jeweiligen Unterrichtsbausteinen erreicht werden sollen, können mögliche Ansätze für eine Beurteilung und Bewertung abgeleitet werden.

Die Vorschläge zum Unterricht selbst sind so ausführlich wie möglich gehalten, können jedoch natürlich von Ihnen Ihrem eigenen Unterricht sowie den Voraussetzungen in der Klasse angepasst werden.

Am Anfang jeder Stunde steht eine Hinführung zum Kunstwerk. Diese kann ganz unterschiedlich ausfallen: eine Geschichte erzählen, einen Text als Ausgangspunkt haben, das Werk selbst betrachten …

Otmar Alt hat sich in allen Bereichen der bildenden Kunst durchgesetzt. Als außerordentlich vielseitiger Künstler entwirft oder realisiert er neben Bildern in verschiedenen Techniken auch Grafiken, Plastiken aus unterschiedlichen Materialien, Keramiken, Wandgemälde, Tapeten; er gestaltet Brunnen, Uhren, Schmuck, Teppiche, Emaillebilder, entwirft Designs für Porzellangeschirr, Brillen und Autos, lässt Büh-

---

[1] Alle benötigten Bilder für Ihren Unterricht sind auch als Foliensatz erhältlich: Kinder entdecken Otmar Alt. Foliensatz. ISBN 978-3-8344-**3539**-2

nenbilder entstehen und macht Filme. Die Unterrichtsbausteine versuchen dieser Vielfalt Rechnung zu tragen und möglichst viele Techniken aus dem Bereich der Kunsterziehung, aber auch der Textilarbeit und des Werkens zu berücksichtigen. So wird natürlich mit verschiedenen Stiften und Farben gezeichnet und gemalt, aber auch geschnitten, geklebt, mit unterschiedlichen Materialien geformt und gebaut, mit dem Computer gearbeitet. Dabei kommt auch das szenische Gestalten nicht zu kurz.

Zum Schluss möchte ich noch darauf hinweisen, die Werke der kleinen Künstler angemessen zu präsentieren. Ein Aufhängen im Klassenzimmer, im Flur, im Treppenhaus oder in der Pausenhalle versteht sich von selbst. Möglich wäre aber auch eine richtige „Otmar-Alt-Ausstellung" mit Plakaten, Einladungen, einer Vernissage usw. Für die Kinder ist es immer besonders schön, wenn sie ihre Werke auch in der Öffentlichkeit ausstellen können. Anfragen im Rathaus, in Banken oder in Arztpraxen kosten nichts und führen oft zum Erfolg. Natürlich bedeutet das für Sie und die Kinder einiges an zusätzlicher Arbeit. Aber die Mühe lohnt sich!

Begleitend oder abschließend zum Gestalten können die Kinder ihr eigenes „Otmar-Alt-Buch" erstellen (s. S. 11–13). Die angegebenen Seiten werden dazu kopiert, zusammengeheftet oder in einen Schnellhefter eingeheftet und von den Kindern ausgestaltet.

Die fiktiven Briefe an Otmar Alt können auch zu einem Gemeinschaftsbrief an den Künstler zusammengefasst werden. Dieser könnte dann – eventuell mit Kinderzeichnungen – an Herrn Alt geschickt werden.

Otmar Alt wurde 1940 in Wernigerode im Harz geboren. Nach mehrmaligem Wohnortwechsel zog seine Familie nach Berlin. Dort verbrachte Otmar Alt zunächst viele Jahre.

Nach der Mittleren Reife begann er 1956 eine Lehre als Schaufenstergestalter und Plakatmaler. Von 1960 bis 1966 studierte er an der Hochschule für Bildende Künste zu Berlin.
Heute ist er einer der bekanntesten und erfolgreichsten lebenden deutschen Künstler.

Otmar Alt lebt heute in Hamm bei Dortmund. Dort hat er eine ehemalige Landschmiede zu einem Atelier umgebaut.
Er ist außerordentlich vielseitig: Er ist Maler und Grafiker. Des Weiteren stellt er Skulpturen aus unterschiedlichen Materialien her. Otmar Alt gestaltet Brunnen, Uhren, Schmuck, Teppiche und Glasbilder. Er entwirft auch Designs für Porzellangeschirr, Brillen und Autos, lässt Bühnenbilder entstehen und macht Filme.

Wenn du die Augen offen hältst, wirst du Werke von Otmar Alt sicherlich auch in deiner Umgebung entdecken!

Otmar Alt

*17. Juli 1940 in Wernigerode/Harz wohnhaft in Hamm (Nordrhein-Westfalen)

Mein Bild

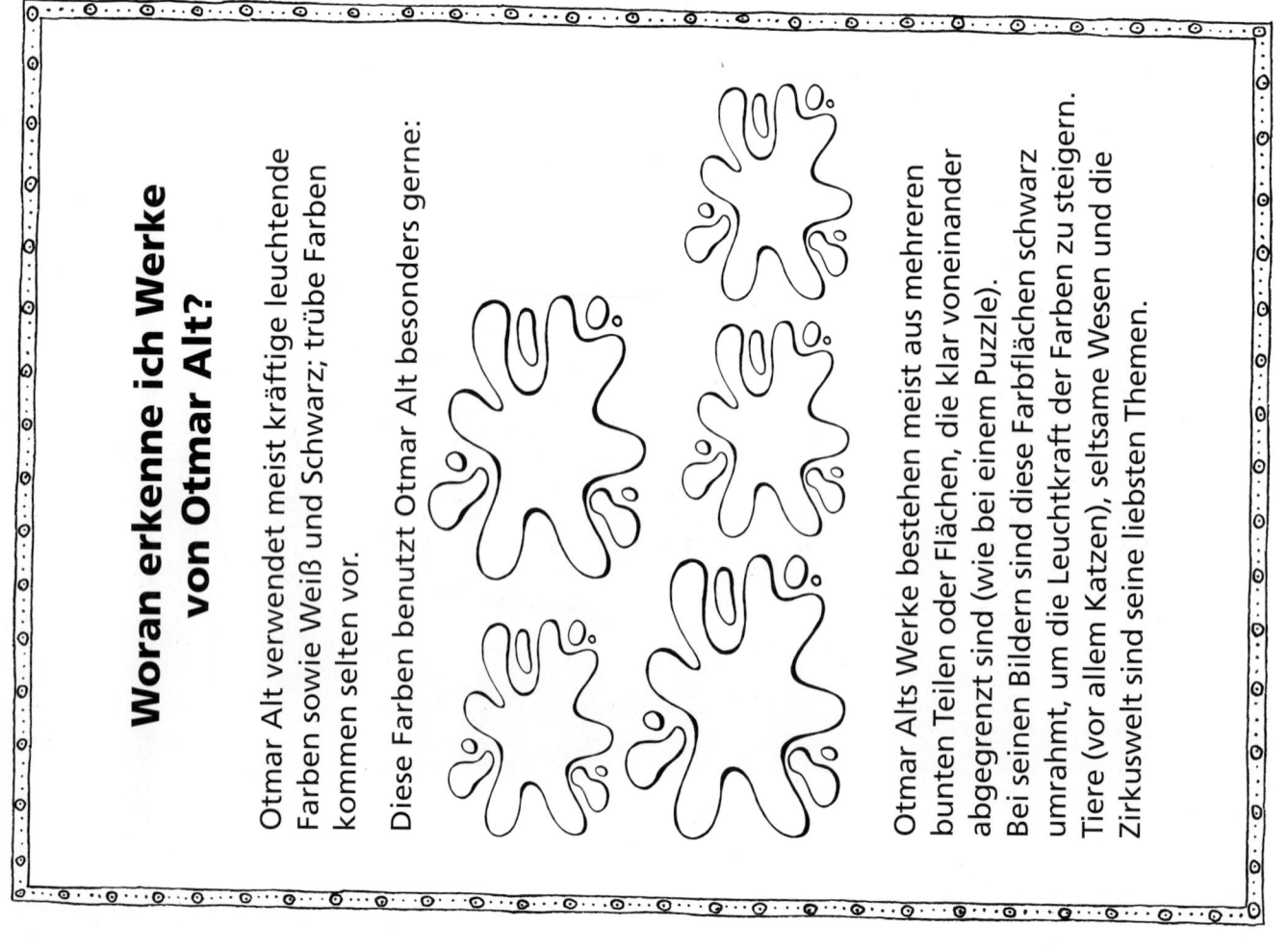

Schneide das Quadrat aus.
Betrachte den Bildausschnitt und male ihn weiter.

Mein Bild heißt: _____

Woran erkenne ich Werke von Otmar Alt?

Otmar Alt verwendet meist kräftige leuchtende Farben sowie Weiß und Schwarz; trübe Farben kommen selten vor.

Diese Farben benutzt Otmar Alt besonders gerne:

Otmar Alts Werke bestehen meist aus mehreren bunten Teilen oder Flächen, die klar voneinander abgegrenzt sind (wie bei einem Puzzle). Bei seinen Bildern sind diese Farbflächen schwarz umrahmt, um die Leuchtkraft der Farben zu steigern. Tiere (vor allem Katzen), seltsame Wesen und die Zirkuswelt sind seine liebsten Themen.

Ein Brief an Otmar Alt

Schreibe einen Brief an Otmar Alt. Berichte, was du an seinen Werken besonders magst und welches dir am besten gefällt. Was möchtest du von ihm wissen?

Der Conferencier

Dieses Bild hat Otmar Alt 8-mal in seinem Werk „Der Conferencier" dargestellt. Jedes Mal gab er dem Bild eine andere Farbe.

Male das Bild in deinen Lieblingsfarben an.

Wesen mit seltsamen Namen

Otmar Alt kennen lernen

Vorlagen:
- U-Boot-Raupe (1979) auf Folie
- Kammrüssler (1977) auf Folie
- Gartenblume (1998) auf Folie

Medien:
- Overheadprojektor
- Otmar Alt auf Folie (s S. 19)
- Fantasiegeschichte (s. S. 15)
- Karten mit Bildtiteln (s. S. 20)
- Lebenslauf von Otmar Alt (s. S. 5 ff.)
- Farbkarten
- Zeichenblock
- Filzstifte, Buntstifte oder Wachsmalkreiden, Wasserfarben und Pinsel

oder:
- Buntpapier oder Papierreste bzw. Ausschnitte aus Zeitschriften, Prospekten ...
- Schere, Klebe

oder:
- Bausteine
- Fotoapparat

oder:
- formbares Material wie Knete, Ton, Papiermaschee ...
- Abtön- oder Acrylfarbe

Zeitbedarf: 2 bis 6 Unterrichtsstunden
(je nach Auswahl der Technik)

Thema und Intention

Otmar Alts Bilder und Skulpturen tragen oft seltsame Namen, die die Kinder zum Nach- oder Selbstgestalten anregen. Bei diesem Kapitel stehen Otmar Alts Skulpturen im Vordergrund. Möglich ist ein Nachgestalten mit verschiedenen Techniken, die nach- oder auch nebeneinander zum Einsatz kommen können. Als Einstieg dient eine Fantasiegeschichte (s. S. 15), die den Zauberer „Otmarius Altus" als Schöpfer dieser seltsamen Wesen vorstellt. Auf den Künstler und seine Biografie wird erst nach dem Gestalten eingegangen.

Ziele

- den Künstler Otmar Alt kennen lernen
- die Werke Otmar Alts den Titeln zuordnen
- zu den vorgegebenen Namen seltsame Wesen gestalten
- das Charakteristische an Otmar Alts Werk herausarbeiten

Mögliche Vorgehensweise

Den Kindern wird folgende Fantasiegeschichte erzählt:

Es waren einmal zwei Kinder, Anna und Michael, die in die gleiche Schulklasse gingen. Auf ihrem Nachhauseweg kamen sie immer an einer alten hohen Steinmauer vorbei, über die sie nicht hinwegsehen konnten. Ein großes schweres Tor aus Eisen versperrte den Zugang zu dem, was hinter der Mauer lag.

Eines Tages nun, als die beiden Kinder nach dem Unterricht etwas trödelten, entdeckten sie, dass auf einmal im Schloss des schweren Eisentors ein großer rostiger Schlüssel steckte. Neugierig versuchten sie, den Schlüssel zu drehen – und wirklich: mit einem „PLING" öffnete sich das Tor wie von selbst. Anna nahm Michael an die Hand. Sie schritten langsam durch das Tor und gingen vorsichtig weiter. Plötzlich stand ein schwarz gekleideter Mann mit einem farbigen Hut vor ihnen, der mit tiefer Stimme sprach: „Willkommen in meinem Reich. Mein Name ist Otmarius Altus. Ich bin der Schöpfer und Besitzer dieser verzauberten Welt. Tretet ein und schaut euch alles genau an."

Anna und Michael blickten sich erstaunt um. Was da vor ihnen lag, war ein verwunschener Garten mit seltsamen bunten Wesen, wie sie sie vorher noch nie gesehen hatten.

Den Kindern werden nun einige Skulpturen Otmar Alts (s. S. 18 f.) gezeigt. Die Wortkarten mit den entsprechenden Namen werden zugeordnet.

Herausgearbeitet wird auch, dass die Werke Alts aus mehreren bunten Teilen oder Flächen bestehen, die voneinander angegrenzt sind. Die Farben werden als Farbkarten an die Tafel geheftet: gelb, orange, rot, hellblau, dunkelblau, lila, weiß.

Anschließend erhalten die Kinder die Namen weiterer Werke Otmar Alts und andere Fantasienamen (s. S. 20).

Die Kinder erzählen, wie sie sich das genannte Wesen vorstellen.

Anschließend überlegen sich die Kinder, mit welcher Technik sie die Wesen gestalten möchten (natürlich können Sie die Technik auch vorgeben):

A: Zweidimensionales Gestalten

Zeichnen mit farbigen Stiften, Wachsmalkreiden oder Wasserfarben

Collage aus Buntpapier, Tapetenresten oder Zeitungsausschnitten

B. Plastisches Gestalten

Bauen mit bunten Bausteinen

Die Kinder erhalten Bausteine. Mit diesem vorgefertigten Material versuchen sie nun, die Wesen zu gestalten. Eine Einteilung in verschiedene farbige Flächen sowie die Farbgebung ergibt sich hier von selbst. Die Ergebnisse können mit einem Fotoapparat festgehalten werden.

Formen aus Knete

Aus Knete lassen sich die gewünschten Figuren ebenfalls leicht herstellen.
Zu Beginn werden die einzelnen Knetportionen, besonders wenn sie längere Zeit gelagert hatten, gründlich durchgeknetet. Die möglichen Arbeitsformen Drücken, Streichen, Klopfen, Wälzen, Kneten usw. werden vorher benannt und erklärt. Die einzelnen geometrischen Grundformen entstehen dabei wie von selbst, können dann aber auch einzeln nach Diktat angefertigt werden:

- Walzen durch Hin- und Herwälzen,
- Stränge und Schnüre durch vorsichtiges Weiterwälzen,
- Würfel und Quader durch Klopfen mit einem Brettchen oder wiederholtes Aufschlagen einer Kugel auf den Tisch mit wechselnder Grundfläche oder durch Ausschneiden,
- Platten durch Klopfen mit der Faust oder einem Brettchen, durch Auswalzen mit einem Rundholz oder durch Abschneiden vom Block mit einem Schneidedraht,
- Scheiben durch Ausschneiden aus Platten,
- Kugeln durch kreisförmiges Rollen mit einer Hand auf einer Unterlage,
- Kegel durch Wälzen in einem Bogen,
- Röhren durch Einbetten eines Rundholzes und Wälzen (Rollen) auf der Unterlage.

Die einzelnen Teile werden so für sich geformt und mit leichtem Druck aufeinander gesetzt, sie können auch mit durchgesteckten Streichhölzern verbunden werden. Es ist darauf zu achten, dass die einzelnen Farben nach Möglichkeit nicht miteinander vermischt werden. Möglich ist auch das Formen über einen Unterbau, z. B. eine Papprohre, eine Styroporhalbkugel o. Ä.

Formen aus Ton

Die Kinder erhalten ein Stück Ton, das vor dem Gestalten gut durchgeknetet wird. Den Grundkörper ihrer Figur formen sie am besten als Kugel oder als Walze (Ton, der momentan nicht benötigt wird, in ein feuchtes Tuch wickeln, damit er nicht austrocknet). An den Grundkörper werden weitere Körperteile angesetzt, wobei die Verbindungsflächen der Einzelteile mit einer Gabel leicht angeraut, sorgfältig aneinandergepresst und miteinander verstrichen werden. Vorsicht: Zwischen den Flächen darf keine Luft bleiben, sonst reißt das Material beim Brennen. Auch müssen zu dicke Körper am Schluss von unten etwas ausgehöhlt werden, da sonst die Gefahr des Zerreißens ebenfalls groß ist.
Die fertigen „Wesen" müssen nun mehrere Tage trocknen. Sie können vor dem Brennen mit farbiger Engobe oder nach dem Brennen mit Wasser- oder Abtönfarben angemalt werden.

Formen aus Papiermaschee

Die Skulpturen können auch aus Papiermaschee geformt werden. Dieses wird entweder selbst hergestellt oder fertig gekauft. Auch hier können Papprohren, Styroporteile, Luftballons o. Ä. als Gerüst verwendet werden. Die entstandenen Wesen werden mit Wasser- oder Abtönfarbe bemalt.

Alle fertigen Gestalten können abschließend mit Otmar Alts Werken verglichen werden.

nation von Teilen schon besprochener Wörter oder die Erfindung ganz eigener Namen möglich. Es wäre denkbar, eine Sammlung von möglichen Wortteilen anzulegen, die kombiniert werden können, z. B.: Körperteile von Menschen (Arm, Bein, Fuß, Hand, Kopf, Haare, Nase, Mund, Lippe, Ohr, Bauch, Hals …), Körperteile von Tieren (Schnauze, Schnabel, Tatze, Kralle, Pfote, Flügel, Hörner, Geweih, Euter, Fell, Schuppen, Federn, Zähne …), Teile von Pflanzen (Stängel, Wurzel, Blatt, Dorne, Blüte, Ast …), Teile von Maschinen (Rad, Hebel, Auspuff, Schalter …).

- Mögliche Ausweitung des Themas: „Welche seltsamen Pflanzen könnte es im verwunschenen Garten geben?" Die Kinder gestalten in ähnlicher Weise. Die entstandenen Wesen und Pflanzen können zu einem Gemeinschaftswerk („Im verwunschenen Garten") zusammengestellt werden.

- Fantasie-Geschichten schreiben: „Was könnten die Kinder im verwunschenen Garten alles erleben?"

- Mit Orff-Instrumenten zauberhafte Musik gestalten, die im verwunschenen Garten zu hören ist.

Mögliche Vorgehensweisen beim Kennenlernen des Künstlers

- Die Kinder erhalten ein Foto von Otmar Alt. Sie gestalten einen farbigen Hut und hängen/stellen den Zauberer „Otmarius Altus" zu ihrem Werk dazu.
Das Foto von Otmar Alt wird gezeigt: *Diesen Mann gibt es wirklich. Er heißt allerdings etwas anders, nämlich Otmar Alt und er ist auch kein Zauberer. Könnt ihr euch denken, was er ist?* Die Kinder werden sicher die Begriffe „Künstler" oder „Bildhauer" bringen. *Otmar Alt hat aber nicht nur Skulpturen geschaffen, sondern auch viele bunte Bilder. Er ist einer der berühmtesten lebenden Künstler in Deutschland.* Den Kindern werden nun einige Bilder gezeigt. Die Kinder überprüfen, ob die Farben der Farbkarten auch hier zur Anwendung gekommen sind. Außerdem stellen sie fest, dass Otmar Alt die Farbflächen meist mit Schwarz umrandet hat, um die Leuchtkraft der Farben zu stärken.
Die Kinder erhalten nun Informationen zum Künstler (je nach Alter der Kinder kann dies in einer Lehrererzählung oder mit Hilfe des Lebenslaufes von S. 5 ff. geschehen).

Weitere Anregungen

- In der Folgestunde können nun die Kinder eigene seltsame Namen erfinden („Wer könnte noch in dem verwunschenen Garten wohnen?"). Dazu wären eine neue Kombi-

17

Otmar Alt: Kammrüssler, 1977
© Otmar Alt

Otmar Alt: U-Boot-Raupe, 1970
© Otmar Alt

Otmar Alt, Porträt
© Otmar Alt

Otmar Alt: Gartenblume, 1989
© Otmar Alt

Schlittenmännchen	Blumengrüßer	Astroclown	Reisemond	Blumenspringer	Fensterblümchen
U-Boot-Raupe	Kammrüssler	Gartenblume	Lippenschrat	Zungensegler	Wiesenmäusling

Bunte Katzenviecher

Erstellung eines Frieses in Gemeinschaftsarbeit

Vorlagen:

- DIE VIOLINE (1994) auf Folie
- BLUMENGRÜSSER (1992) auf Folie
- ÜBERRASCHUNG (1992) auf Folie

Medien:

- Overheadprojektor
- vergrößerte Kopien der Umrisszeichnungen (s. S. 27 ff.)
- Zeichenblock
- Filzstifte, Buntstifte oder Wachsmalkreiden; Wasserfarben und Pinsel
- evtl. Tonpapier, Schere, Klebe

Zeitbedarf: 3 bis 8 Unterrichtsstunden
(je nach Ausweitung des Themas)

Thema und Intention

Katzen nehmen im Werk Otmar Alts eine zentrale Rolle ein. Zudem sind sie allen Kinder bekannt und sprechen sie in besonderem Maße an. Ein Nach- und Weitergestalten fällt so besonders leicht.
Die gemeinsame Herstellung eines Frieses zur Ausgestaltung des Klassenraumes oder der Schule gibt einen besonderen Anreiz: gemeinsam wird etwas mit Gebrauchswert für alle angefertigt. Dabei bleibt jedoch auch jedes individuelle Ergebnis sichtbar.

Ziele

- Bildzeichenbestand erweitern
- Wahrnehmen von Formen, Farbwirkungen, bildnerischen Ordnungen
- Katzen gestalten
- Bereitschaft, die eigene Arbeit für die Gruppe zur Verfügung zu stellen

Mögliche Vorgehensweise

Das Thema bietet sich an, nachdem im Unterricht die Katze behandelt wurde. Dabei wurden die charakteristischen Merkmale der Katze besprochen:

- ovaler Kopf mit spitz zulaufenden Ohren
- große gelbe Augen
- dreieckige Nase und Schnurrhaare
- länglicher Körper
- vier Beine mit Krallen
- langer Schwanz
- Fell weiß, grau, braun, rötlich, schwarz, gestreift oder gefleckt

Es bietet sich an, zuerst eine naturalistische Katze darzustellen, z. B.: „Die schwarze Katze auf dem bunten Teppich".

Die Kinder gestalten in der ersten Stunde den Teppich, indem sie mit einem dicken Borstenpinsel bunte, gleichmäßig breite Streifen aus Wasserfarben aneinander setzen (Vorsicht: Farben nicht zu wässrig auftragen, damit sie nicht ineinander laufen).

In der folgenden Stunde wird dann eine schwarze Katze mit den besprochenen Merkmalen – möglichst Format füllend – auf den bunten Hintergrund aufgetragen.

Anschließend werden den Kindern Otmar Alts Katzen vorgestellt (s. S. 24 ff.). Die Kinder erkennen rasch, dass es sich um Katzen handelt: charakteristische Kopf- und Nasenform, Schnurrhaare. Sie finden aber auch gleich die Unterschiede zu einer „normalen" Katze heraus: aufrecht stehend, angezogen und handelnd wie Menschen, buntes „Fell".

Falls den Kindern Otmar Alt schon bekannt ist, werden sie ihn sicher rasch als Maler der Bilder identifizieren. Falls sie ihn noch nicht kennen, erfolgt nun eine kurze Einführung in seinen charakteristischen Malstil.

Die Kinder erhalten anschließend vergrößerte Kopien der Umrisszeichnungen, die sie nach eigener Farbwahl ausmalen. Die fertigen Bilder können auf schwarzes Tonpapier zu einem Fries zusammengefügt werden.

Weitere Anregungen

- Die Kinder können auch eigene Otmar-Alt-Katzen entwerfen. Dabei sind ihrer Fantasie keine Grenzen gesetzt: Es können Katzen bei verschiedenen Tätigkeiten gezeigt (in der Schule, beim Fahrrad fahren, beim Einkaufen, beim Spielen …) oder auch in verschiedenen Berufen dargestellt werden (die Polizisten-Katze, die Lehrer-Katze, die Jäger-Katze …).
Diese Katzen können mit Stiften oder Kreiden gezeichnet oder auch mit Wasserfarben gestalten werden. Hier wird erst eine Umrisszeichnung mit Bleistift angefertigt, die dann mit Wasserfarben ausgemalt wird. Zum Schluss werden die Umrisslinien mit schwarzem Filzstift nachgespurt.
Die einzelnen Katzen werden ausgeschnitten und zu einem Gemeinschaftsbild oder -fries auf ein passendes Tonpapier aufgeklebt.

- Durch vergrößertes Abzeichnen oder eigenes Gestalten können auch einfache Katzenmasken gestaltet werden: ausgemalte Katzenköpfe auf Pappe aufkleben, ausschneiden und ein Gummiband an beiden Seiten befestigen.

- Die Kinder können in Einzel-, Partner- oder Gruppenarbeit eine Geschichte zu ihrer Katze erfinden und diese als Comic oder sogar in Form eines Bilderbuchs gestalten.

- Die Kinder schminken sich als Katze. Es bietet sich an, zuerst das Gesicht in farbige Flächen aufzuteilen und die Umrisslinien erst danach mit Schminkkreiden aufzuzeichnen. Die Schnurrhaare werden zum Schluss eingezeichnet. Die Mithilfe von Erwachsenen wäre angebracht.
Die Kinder stellen nun die ausgewählte Katze durch Mimik, Gestik und Körperhaltung nach und fotografieren sich dabei gegenseitig. Möglich wäre auch, einen farbigen Hintergrund (z. B. durch Papierrollen, Tapeten oder Stoff) zu gestalten.
Aufwändig, aber z. B. für ein Schulfest, eine Aufführung oder eine Ausstellungseröffnung durchaus im Rahmen des Möglichen, wäre aus bunten Stoffen ein Kostüm zu nähen bzw. einfarbigen Stoff zu bemalen.
Die Kinder können auch versuchen, die dargestellte Momentaufnahme in eine kleine Spielszene auszuweiten, die von anderen Kindern oder von Ihnen gefilmt wird.

Otmar Alt: Die Violine, 1994
© Otmar Alt

Otmar Alt: Blumengrüßer, 1992
© Otmar Alt

Otmar Alt: Überraschung, 1992
© Otmar Alt

Umrissbild: Die Violine

Umrissbild: Blumengrüßer

Umrissbild: Überraschung

Katzenplastiken

Herstellung von Katzenplastiken aus Fundstücken

Vorlage:
- TURMKATER auf Folie

Medien:
- Overheadprojektor
- gesammelte Alltagsgegenstände: Schachteln, Dosen, Pappröhren, Bälle, Luftballons …
- Heißklebepistole, Klebe, Klebeband
- Wasser- oder Abtönfarben, Pinsel

Zeitbedarf: 3 bis 4 Unterrichtsstunden (ohne Sammeln)

Thema und Intention

In Otmar Alts Werk nimmt das räumliche Gestalten eine zentrale Stellung ein. Deshalb lernen die Kinder nicht nur seine Bilder, sondern auch seine Skulpturen kennen und gestalten selbst welche. Im Mittelpunkt dieser Einheit steht daher die Montage von dreidimensionalen Katzenplastiken. Aus selbst mitgebrachten bzw. gemeinsam gesammelten Materialien bauen die Kinder Objekte. Dazu ist vor der Suche eine Auseinandersetzung mit dem Thema notwendig, um gezielt Dinge für die Arbeit sammeln zu können.
Der TURMKATER ist in seiner stark abstrahierten Form als Einstieg bestens geeignet. Auch bietet sich diese Möglichkeit der Gestaltung gut dazu an, in Partner- oder Gruppenarbeit ein Gemeinschaftswerk herzustellen.

Ziele
- sammeln und sortieren
- herausarbeiten der wesentlichen Grundformen der Katzenplastik
- probieren, experimentieren, zusammenfügen
- gestalten einer Katzenplastik aus vorgefertigten Materialien

Mögliche Vorgehensweise

Als Einstieg betrachten die Kinder das Bild des TURMKATERS (s. S. 32). Obwohl stark abstrahiert, ist die Skulptur sicher sofort als Katze zu erkennen.
Anschließend werden typische Katzenmerkmale (runder Kopf, spitze Ohren, Augenform, Schnurrhaare) herausgearbeitet. Gemeinsam wird erarbeitet, wie man vereinfacht einzelne Körperteile darstellen kann.
Die Kinder planen nun in Einzel-, Partner- oder Gruppenarbeit ihre Plastik. Es wird ausprobiert, welche Gegenstände von der Größe her am besten zusammenpassen.
Eine Verbindung der einzelnen Teile geschieht am besten mit der Heißklebepistole. Dafür

sollte selbstverständlich vorher der sichere Umgang besprochen und geübt worden sein.
Die fertigen Katzen können mit Wasser- oder Abtönfarbe bemalt werden.

Weitere Anregungen

- Die Kinder überlegen sich, wie sie noch weitere Tiere aus einfachen geometrischen Körpern bauen können.
- Die Gestaltung von Fantasietieren mit einem lustigen Namen wäre auch möglich.

Hinweis

Die Kinder sammeln über einige Zeit hinweg Alltagsgegenstände mit den notwendigen geometrischen Körpern: Schachteln, Dosen, Pappröhren, Bälle, Luftballons …

Otmar Alt: Turmkater
© Otmar Alt

Stadtmusikanten gibt es nicht nur in Bremen

Eigene Musikanten erfinden und gestalten

Vorlage:
- BREMER QUARTETT (1989) auf Folie

Medien:
- Overheadprojektor
- Märchentext (s. S. 35)
- Arbeitsblatt (s. S. 36)
- Zeichenblock
- Bleistift
- farbige Stifte, Kreiden oder Wasserfarben und Pinsel
- schwarzer Filzstift oder Marker

Zeitbedarf: ca. 3 Unterrichtsstunden

Thema und Intention

Beim Umgang mit Literatur nimmt unter den Erzähltexten das Märchen nach wie vor eine zentrale Stellung im Unterricht ein, besonders die von den Gebrüdern Grimm gesammelten Volksmärchen. Otmar Alt hat etliche Variationen zu dem Märchen „Die Bremer Stadtmusikanten" geschaffen. Eins dieser Werke sowie ein einfacher Text des Märchens dienen den Kindern als Grundlage für eigenes Tun.

Ziele

- das Märchen von den Bremer Stadtmusikanten kennen lernen
- das Märchen von den Bremer Stadtmusikanten umdichten
- „eigene" Stadtmusikanten erfinden und gestalten

Mögliche Vorgehensweise

Als Einstieg wird den Kindern das Bild BREMER QUARTETT (s. S. 37) von Otmar Alt gezeigt. Einige Kinder erkennen sicher das Märchen und nennen den Titel.
Die Kinder erhalten nun den Märchentext. Er ist einfach gehalten und kann schon am Ende des Leselernprozesses eingesetzt werden. Natürlich können Sie den Text auch individuell verändern, z. B. verkürzen, vereinfachen oder auch verlängern.
Nach dem Erlesen des Textes erfolgt der Impuls zur kreativen Auseinandersetzung:

- Könnten sich auch vier andere Tiere aus Häusern, von einem Bauernhof oder sogar vom Zirkus oder Zoo auf die Wanderschaft gemacht haben?
- Wie würden eure Stadtmusikanten aussehen?
- Wohin würden sie gehen wollen?

Die Kinder schreiben „ihre" 4 Tiere und „ihren" Zielort auf. Falls sie nicht darauf achten, sollten sie darauf hingewiesen werden, dass die Tiere sich aufeinander stellen und deshalb von unten nach oben kleiner und leichter werden müssen. Leistungsstärkere Kinder können nun versuchen, den Text auf „ihre" Tiere bezogen zu lesen. Einigen Kindern wird dies ohne weiteres gelingen.

Leistungsschwächere (oder auch alle) Kinder erhalten das Arbeitsblatt „Märchen" (s. S. 36) und verändern dies auf „ihre" Tiere bezogen. Es müssen die passenden Begleiter (Artikel) und Tunwörter (Verben) gefunden werden. Anschließend werden die neuen Texte vorgelesen, die Texte in Bilder umgesetzt.

- Gestalten eines farbigen Hintergrundes oder Aufkleben auf buntes Tonpapier

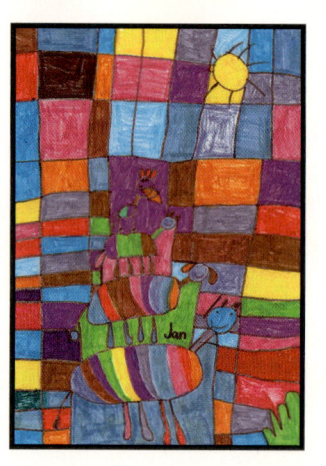

Dabei sollen die Kinder Folgendes beachten:

- Wahl des richtigen Formates (Hochformat)
- Format füllendes Aufzeichnen der Tiere mit Bleistift, zerlegen der Tiere in einzelne Felder
- Ausmalen mit farbigen Stiften, Kreiden oder Wasserfarben, evtl. Musterung
- Umranden der Farbflächen mit schwarzem Filzstift

Weitere Anregungen

- Die Kinder können zu diesem Thema auch eine Collage herstellen, indem sie passende Tierabbildungen aus Zeitungen, Zeitschriften o. Ä. ausschneiden und auf einen passenden Hintergrund kleben. Dieser Hintergrund kann selbst hergestellt werden (gemalt oder geklebt) oder es dient dazu ein ebenfalls ausgeschnittenes Foto.
- Es können auch ohne weiteres andere Märchen umgesetzt werden.
- Aus den Bildern und den Texten der Kinder kann ein Märchenbuch zusammengestellt werden.

Die Bremer Stadtmusikanten

Ein Esel
und ein Hund
und eine Katze
und ein Hahn
machen sich auf den Weg nach Bremen.
Sie wollen dort Musik machen.

Sie laufen und laufen.
Da kommen sie in einen Wald.
Dort ist es dunkel.
Auf einmal sehen sie ein Licht.
Das Licht brennt in einem Haus.
In dem Haus sind böse Räuber.

Der Esel stellt sich an das Fenster.
Der Hund springt auf den Esel.
Die Katze klettert auf den Hund.
Der Hahn fliegt auf die Katze.

Sie machen Musik.
Der Esel brüllt: I-a!
Der Hund bellt: Wau, wau!
Die Katze schreit: Miau!
Der Hahn kräht: Kikeriki!

Schnell laufen die Räuber fort.

Die Tiere gehen ins Räuberhaus.
Dort ist es schön warm.
Sie essen und trinken.

Da kommt ein Räuber wieder.

Aber der Esel
und der Hund
und die Katze
und der Hahn
jagen den Räuber fort.

Nun können sie im Räuberhaus wohnen bleiben.
Und wenn sie nicht gestorben sind,
dann machen sie noch heute Musik.

Die _____ Stadtmusikanten

_____

und _____

und _____

und _____

machen sich auf den Weg nach _____.

Sie wollen dort Musik machen.

Sie laufen und laufen.

Da kommen sie in einen Wald.

Dort ist es dunkel.

Auf einmal sehen sie ein Licht.

Das Licht brennt in einem Haus.

In dem Haus sind böse Räuber.

_____ stellt sich an das Fenster.

_____ _____ auf _____.

_____ _____ auf _____.

_____ _____ auf _____.

Sie machen Musik.

_____ _____ : _____

_____ _____ : _____

_____ _____ : _____

_____ _____ : _____

Schnell laufen die Räuber fort.

Die Tiere gehen ins Räuberhaus.

Dort ist es schön warm.

Sie essen und trinken.

Da kommt ein Räuber wieder.

Aber _____

und _____

und _____

und _____

jagen den Räuber fort.

Nun können sie im Räuberhaus wohnen bleiben.

Und wenn sie nicht gestorben sind,

dann machen sie noch heute Musik.

Otmar Alt: Bremer Quartett, 1989
© Otmar Alt

Typen vom Zirkus

Zirkusakteure kennen lernen und drucken

Vorlage:

- Typen vom Zirkus (1995) auf Folie

Medien:

- Overheadprojektor
- Namenskarten (s. S. 41), Klebeband
- Zeichenblatt im DIN-A5-Format, Bleistift
- Polystyrol-Platten
- Gegenstand zum Einzeichnen der Umrisslinien, z. B. Kugelschreiber, Zahnstocher, Schaschlikspieß, Stricknadel
- Zeitungen
- Druckfarbe, Glasplatte, Walze für Farbe, große Walze oder Nudelholz
- weißes und schwarzes Tonpapier im DIN-A5-Format

Zeitbedarf: 2 bis 3 Unterrichtsstunden

Thema und Intention

Otmar Alt hat sich lange Zeit mit der Thematik „Zirkus" beschäftigt und zahlreiche Werke dazu geschaffen. Natürlich ist auch der Zirkus ein Thema aus der Lebenswirklichkeit der Kinder, das ihren Interessen sehr entgegen kommt: Jedes Kind war schon einmal im Zirkus oder hat zumindest im Fernsehen eine Vorstellung angeschaut.

Im Gegensatz zum Zeichnen und Malen ist das Drucken ein indirektes Verfahren, wobei das Bild seitenverkehrt erscheint. Dies muss beim Entwurf berücksichtigt werden und sorgt immer wieder für neue Wahrnehmungserlebnisse. Die Technik des Weißliniendrucks eignet sich gut, um schnell Ergebnisse zu erzielen, die Handhabung ist einfach. In der Regel haben Kinder schon im Vorfeld Erfahrungen mit dem Drucken gemacht, sei es durch Fußabdrücke im Sand oder Schnee oder das Stempeln mit dem Finger. Der Weißliniendruck bietet sich bei Otmar Alts Werken besonders an, da all seine Werke eine eindeutige, scharfe Konturierung der Formen besitzen.

Mit Umrisslinien können die Kinder in ihren Arbeiten nun selbst experimentieren und ihre Wirkung – fernab von jeder Farbgebung – untersuchen.

Ziele

- über die verschiedenen Akteure im Zirkus Überblick gewinnen
- die Technik des Weißliniendrucks kennen lernen
- Zirkusmitglieder Format füllend gestalten

Mögliche Vorgehensweise

Als Einstieg erzählen die Kinder von ihren eigene Erfahrungen im Zirkus.

Dann wird ihnen das Bild von Otmar Alt gezeigt (s. S. 40), das einige Mitglieder des Zirkus darstellt. Die Kinder ordnen ihnen Namenskarten (s. S. 41) zu.

Als Nächstes sammeln die Kinder noch weitere ihnen bekannte Zirkusakteure, die auf Kärtchen geschrieben werden. Diese Namenskärtchen werden ebenfalls mit angeheftet.

Nun suchen sich die Kinder ein Mitglied der Zirkuswelt aus. Sie zeichnen dieses Format füllend auf ein Zeichenblatt. Wichtig ist, dass die Kinder das Motiv möglichst differenziert mit vielen Binnenlinien und klaren Konturen gestalten. Anschließend erhalten die Kinder eine Druckplatte aus elastischem Weichpolystyrol. Diese Platten sind im DIN-A4-Format erhältlich. Sie lassen sich leicht schneiden und damit teilen. Die gezeichnete Vorlage wird leicht auf der Platte fixiert. Bitte lassen Sie dazu keine Büroklammern verwenden, da diese auf der Platte einen Abdruck hinterlassen.

Nun können die Kinder ihr Motiv mit einem spitzen Gegenstand auf die Platte übertragen. Wichtig ist, dass nicht mit zu großem Druck gearbeitet wird, sonst könnte die Platte beschädigt werden oder brechen.

Anschließend wird der Arbeitsplatz weiträumig mit Zeitungspapier abgedeckt. Die Druckfarbe wird mit einer Walze auf einer Glasplatte ausgewalzt. Anschließend wird der Druckstock mit der Walze eingefärbt. Nun wird das Tonpapier auf den Druckstock aufgelegt und mit der großen Walze oder einem Nudelholz festgedrückt. Das Papier wird vorsichtig abgezogen.

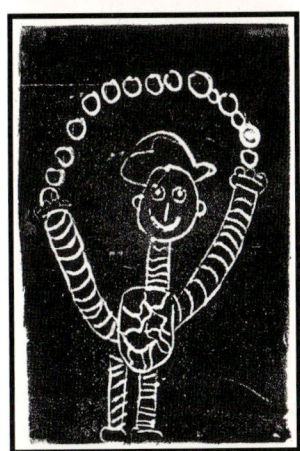

Von einem Druckstock lassen sich mehrere Abzüge anfertigen. Soll eine andere Farbe benutzt werden, kann die Platte vorsichtig unter dem Wasserhahn gesäubert und dann abgetrocknet werden.

Otmar Alt: Typen vom Zirkus, 1995
© Otmar Alt

Raubtierdompteur	Trapezkünstlerin	Feuerschlucker	Herkules	Pferdedresseur	Zauberer
Jongleur	Clown	Gewichtheber	Akrobat	Zirkusdirektor	Seiltänzerin

Der Conferencier

Bilder nach Otmar Alt zu einem Gruppenbild zusammenstellen

Vorlage:
- DER CONFERENCIER (1995) auf Folie

Medien:
- Overheadprojektor
- Umrissbild als Kopie (s. S. 44)
- Bunt- oder Filzstifte oder andere Farben

Zeitbedarf: 1 bis 2 Unterrichtsstunden

Thema und Intention

Otmar Alt hat in seinem Werk DER CONFERENCIER diesen 8-mal in unterschiedlicher Farbgebung dargestellt und zu einem Gesamtwerk vereint. Dies können die Kinder nun auch tun, indem sie jeweils eine Umrissskizze in eigener Farbwahl gestalten und mehrere dieser Bilder zu einem Gemeinschaftswerk zusammenfügen.
Das Werk Otmar Alts wird dabei mittels malerischer Techniken farbig ausgestaltet. Die Beeinflussbarkeit der Bildwirkung durch Farbgebung wird so erfahren.
Die Komposition der einzelnen Bilder zu einem großen Gemeinschaftswerk stellt eine weitere Herausforderung dar. Die Bildwirkung bei unterschiedlichen Anordnungen sorgt immer wieder für veränderte Wahrnehmungserlebnisse.

Ziele
- ein Umrissbild farbig ausgestalten
- verschiedene Farbwirkungen erproben
- die Einzelbilder stimmig zu einem Gruppenbild zusammenfügen

Mögliche Vorgehensweise

Otmar Alts Bild (s. S. 43) wird den Kindern gezeigt, der Titel besprochen. Die Kinder erkennen, dass der gleiche Umriss farblich unterschiedlich gestaltet wurde.
Jedes Kind erhält nun eine Kopie des Umrissbildes und gestaltet diese nach eigenen Vorstellungen aus.
Die Bilder werden dann zu einem Gruppenbild zusammengesetzt, wobei die Kinder überlegen müssen, welches Einzelbild an welche Stelle der Gesamtkomposition am besten passt.

Otmar Alt: Der Conferencier, 1995
© Otmar Alt

Umrissbild: Der Conferencier

Ein Clowngesicht

Ein Gesicht als Spaltschnitt gestalten

Vorlage:
- DER CLOWN UND SEINE BRÜDER (1995) auf Folie

Medien:
- Overheadprojektor
- Zeichenblatt im DIN-A5-Format
- Bleistift
- farbiges und schwarzes Tonpapier
- Schere, Klebe
- ggf. schwarzer Filzstift

Zeitbedarf: 2 bis 4 Unterrichtsstunden

Thema und Intention

Das Motiv Gesicht aus dem Gemälde Otmar Alts wird in dieser Einheit in eine neue Technik überführt und als Spaltschnitt zu einer Gemeinschaftsarbeit zusammengesetzt. Ziel ist dabei nicht die 1:1-Überführung der Gesichter von Alt in eigene Werke, sondern die Bewusstmachung, das Entdecken von ähnlichen, immer wiederkehrenden Elementen in Alts Figuren, die dann in eigene Clowns münden.

Das Thema Clown bietet sich hierbei besonders an, denn sie sind bei Kindern sehr beliebt und sie stellen diese gerne dar. Außerdem gibt diese Thematik den Kindern den Freiraum und die Legimitation, nicht naturalistisch zu gestalten.

Ziele
- ein Clowngesicht entwerfen
- ein Clowngesicht reduziert darstellen
- ein Clowngesicht im Spaltschnitt gestalten
- Zusammenfügen von einzelnen Elementen zu einer Komposition

Hinweis

Die Technik des Spaltschnitts (s. S. 46) sollte schon bekannt sein. Zur Einführung bieten sich z. B. ein Baum oder ein Herbstblatt an.

Mögliche Vorgehensweise

Den Kindern wird das Cown-Bild Alts (s. S. 47) gezeigt.
Herausgearbeitet wird:

- in meist einfarbige Flächen zerlegtes Gesicht
- kräftige Farben
- prägnante Nasen- und Augenformen

Die Kinder entwerfen ein Clowngesicht mit dem Bleistift auf einem Blatt Papier und teilen es in Flächen ein.
Wenn sie mit der Gestaltung zufrieden sind, übertragen sie den Entwurf auf das farbige Tonpapier.

Anschließend wird das Gesicht in die einzelnen Flächen zerschnitten („zerspalten"). Diese werden dann auf schwarzes Tonpapier gelegt und so verschoben, dass schwarze Stege zwischen den Flächen zu sehen sind. Eventuell müssen Flächen nochmals unterteilt werden, um eine gute Anordnung zu erzielen.

Wenn die Anordnung gefällt, werden die einzelnen Flächen aufgeklebt. Das Spalten der Augen erweist sich meist als sehr schwierig – hier dürfen die Kinder ein wenig „schummeln" und mit schwarzem Filzstift Spaltlinien einzeichnen.

Zum Schluss wird der ganze Kopf zusammen mit einer schwarzen Umrisslinie ausgeschnitten.

Die einzelnen Köpfe können zusammen auf ein farbiges Tonpapier geklebt werden.

Otmar Alt: Der Clown und seine Brüder, 1995
© Otmar Alt

Zirkuslandschaft

Nach dem Bild von Alt ein Gemeinschaftsbild gestalten

Vorlage:

- ZIRKUSLANDSCHAFT (1995) auf Folie

Medien:

- Overheadprojektor
- Zeichenblock
- Bleistift, schwarzer Filzstift
- Wasserfarben und Pinsel
- Kreppklebeband

Zeitbedarf: ca. 6 Unterrichtsstunden

Thema und Intention

Im Grafikmuseum Schreiner in Bad Steben war auch das 15-teilige Bild ZIRKUSLANDSCHAFT zu sehen. Dieses eine ganze Wand einnehmende Werk hat die Kinder besonders beeindruckt und den Wunsch geweckt, auch ein „großes" Bild zu gestalten.

Hierbei bietet sich die Gemeinschaftsarbeit an, denn die Thematik lässt viele abzubildende Einzelheiten zu, deren Aufteilung auf verschiedene „kleine Künstler" sinnvoll ist. Die Teilstücke können gut als großformatiges Gemeinschaftsprodukt im Schulflur ausgestellt werden. Jedes Kind oder jede Kleingruppe übernimmt einen Teil des Gesamtwerkes, wobei nach Absprache mit den Gruppenmitgliedern im Rahmen bestimmter Vorgaben gearbeitet wird.

Hier wird etwas mit Gebrauchswert für alle geschaffen, was einen besonderen Anreiz zur Gestaltung gibt, jedoch auch viel Freiraum für individuelle Gestaltungswünsche und -vorstellungen lässt.

Zeichnen und Malen können bei dieser Arbeit gut miteinander kombiniert werden und sprechen Kinder mit unterschiedlichen Vorlieben an: Die einen können unter Einbeziehung von Ideen aller die Vorzeichnung anfertigen und werden durch die brillanten Farben angeregt, das Bild mit auszugestalten. Andere Kinder, die zeichnerisch nicht sehr geschickt sind, dürfen sich bei den Vorzeichnungen unauffällig zurücknehmen und können im farbigen Ausgestalten ihren Hauptarbeitsbereich finden, um so einen Beitrag zum Gesamtwerk zu leisten.

Ziele

- eine Zirkuslandschaft gestalten
- sich in der Gruppe einigen und zusammenarbeiten
- sich farblich an die anderen Gruppenmitglieder anpassen

Mögliche Vorgehensweise

Den Kindern wird das Bild ZIRKUSLANDSCHAFT (s. S. 50) vorgestellt. Wenn das Werk Otmar Alts noch nicht bekannt ist, erfolgt nun eine Einführung in seinen charakteristischen Malstil. Anschließend werden die Kinder in Gruppen eingeteilt oder teilen sich selber ein. Jede

Kleingruppe erhält nun entsprechend viele, gleich große Zeichenblätter, die auf der Rückseite mit Kreppklebeband verbunden werden. Die jeweiligen Kleingruppen zeichnen nun mit Bleistift gemeinsam ihre Zirkuslandschaft auf. Sie müssen sich dabei über die einzelnen Elemente einigen.

Das Klebeband wird dann wieder entfernt, sodass jedes Gruppenmitglied wieder ein Blatt erhält, das es nun ausgestaltet. Dabei muss darauf geachtet werden, dass die Farben, an denen sich die Blätter treffen, übereinstimmen. Je reiner die Farben sind, die benutzt werden, umso einfacher wird dies. Vielleicht weisen Sie die Kinder deshalb darauf hin, mit Otmar Alts „Lieblingsfarben" zu arbeiten (s. S. 12) und auf das Mischen möglichst ganz zu verzichten.

Die fertigen Einzelbilder werden wieder zu einem Gesamtbild verbunden. Die Umrisskonturen werden zum Schluss mit einem schwarzen Filzstift nachgespurt.

Otmar Alt: Zirkuslandschaft, 1995
© Otmar Alt

Lustige Buchstaben

Mein Name aus verrückten Buchstaben

Vorlage:
- ALPHABET (2000) auf Folie

Medien:
- Overheadprojektor
- Umrissbilder der einzelnen Buchstaben (s. S. 54 ff.)
- Zeichenblock
- Bunt- oder Filzstifte, Kreiden oder Wasserfarben und Pinsel
- schwarzer Marker

Zeitbedarf: 2 Unterrichtsstunden

Thema und Intention

Otmar Alt hat ein lustiges ALPHABET gestaltet, dessen fantasievolle Buchstaben einzeln oder gemeinsam erstanden werden können. Mit diesen Buchstaben lassen sich Monogramme, Namensschilder, ein Deckblatt für das Otmar-Alt-Buch u. Ä. gestalten. Die Kinder können aber auch eigene lustige Buchstaben in verschiedenen Techniken entwerfen.

Ziele

- mit Schrift gestalten
- Farbwirkungen ausprobieren

Mögliche Vorgehensweise

Als Einstieg werden einige Buchstaben von Otmar Alts ALPHABET gezeigt, die nicht so einfach als solche zu identifizieren sind (z. B.: A, L, R). Die Kinder werden sie als bunte, lustige Figuren bezeichnen. Fügt man nun andere Buchstaben, z. B. M oder E, hinzu, werden die Kinder sie als solche erkennen. Nun werden alle Buchstaben gezeigt und benannt. Ist das Abc schon bekannt, können die Buchstaben entsprechend geordnet werden.

Im Unterrichtsgespräch wird herausgearbeitet, dass alle Buchstaben mit den gleichen Farben gestaltet sind: weiß, weiß mit schwarzen Punkten, gelb, rot, grün, hellblau, dunkelblau und schwarz. Die einzelnen Farbflächen sind mit Schwarz umrandet.

Die Kinder erhalten nun Umrissbilder der Buchstaben; die Größe hängt von der gewünschten Gestaltung ab. Sie können z. B. ein Monogramm oder ein Namensschild anfertigen, Zeichenmappen oder Heft- und Bucheinbände damit verzieren.

Die Buchstaben werden mit Buntstiften, Filzstiften, Kreiden oder Wasserfarben ausgemalt.

Weitere Anregungen

- Mit wasserfestem Folienstift lassen sich Gläser „beschriften".

- Man kann auch mit einem Bügelstift die Umrisse auf ein Stück Stoff (Tasche, T-Shirt usw.) übertragen und mit Stoffmalfarbe ausmalen.

- Die Kinder werden ermuntert, eigene lustige Buchstaben (z. B. ihre Anfangsbuchstaben oder die Buchstaben ihres Namens) zu erfinden und mit ihnen zu gestalten. So können z. B. alle Namen der Klasse auf einem großen Plakat verewigt werden.

- Besonders lustig wäre es zu versuchen, die Buchstaben selbst als lustige Figuren mit dem Körper nachzustellen. Die Kinder einigen sich bei der Kleidung auf einige kräftige Farben. Möglich wäre auch, mit Theaterschminke oder mit Schminkstiften die Gesichter bunt zu gestalten und/oder lustige Kopfbedeckungen zu entwerfen. Die Buchstaben werden am besten im Stehen oder im Liegen jeweils zu zweit gestaltet und fotografiert.

Otmar Alt: Alphabet, 2000
© Otmar Alt

Umrissbild: Alphabet (A bis D)

Umrissbild: Alphabet (E bis H)

Umrissbild: Alphabet (I bis L)

Umrissbild: Alphabet (M bis P)

Umrissbild: Alphabet (Q bis T)

Umrissbild: Alphabet (U bis X)

Umrissbild: Alphabet (Y bis Z)

Ein Fensterzoo

Kreatives Gestalten von Hafttieren für die Fenster

Vorlage:

- ZOOTIERE (1995) auf Folie

Medien:

- Overheadprojektor
- Umrisszeichnungen der Zootiere (s. S. 64 ff.)
- Papier, Bleistift
- Malfolie, Briefklammern
- Fenstermalfarben (transparent): schwarze Konturenfarbe und Grundmalfarben in mindestens Rot, Gelb, Blau, Grün, Schwarz, Weiß

Zeitbedarf: ca. 2 bis 3 Stunden
(ohne Trockenzeit)

Thema und Intention

Tiere finden wir in Otmar Alts Werk immer wieder, denn sie spielen auch in seinem Privatleben eine große Rolle: Otmar Alt besitzt in Hamm eine eigene Menagerie mit seltenen Wasservögeln, Nandus und Lamas.
Seine klar strukturierten ZOOTIERE eignen sich in besonderer Weise dazu, sie als Fensterbilder nachzugestalten und regen die Kinder zu eigenen Entwürfen an.

Ziele

- Otmar Alts Zootiere nachgestalten
- Wahrnehmen von Formen, Farbwirkungen und bildnerischer Ordnung
- die eigene Bildsprache erweitern und eigene Tiere planen und entwerfen
- Förderung der Feinmotorik

Mögliche Vorgehensweise

Dieses Thema würde sich gut nach dem Besuch eines Zoos oder Kleintierzoos anbieten.
Als Einstieg werden den Kindern die Abbildungen der Zootiere gezeigt. Welche Tiere sind dargestellt? Woran kann man sie erkennen?
Die Kinder können die Bilder sicher schnell als Werke Otmar Alts identifizieren. Es werden kurz die charakteristischen Erkennungszeichen Otmar Alts Bildsprache wiederholt:

- Einteilung in monochrome Farbflächen
- Verwendung von leuchtenden Farben: Weiß, Gelb, Rot, Grün, Blau (eventuell Farbkarten an die Tafel heften)
- schwarze Kontur einzelner Farbflächen

Überraschen wird die Kinder sicher der Bildtitel ZOOTIERE, denn solche Tiere sind eigentlich keine typischen Zootiere. Sie werden als Haustiere gehalten oder sie befinden sich in so genannten „Kleintierzoos". Hier kann auf Otmar Alts Menagerie verwiesen werden.

Anschließend wird das Unterrichtsvorhaben mitgeteilt: Zootiere als Fensterschmuck.

Jedes Kind erhält nun eine Umrisszeichnung eines Zootieres. Darauf wird eine Malfolie gelegt und mit Briefklammern befestigt, damit sie nicht verrutscht.

Mit schwarzer Konturenfarbe werden die Umrisse nachgespurt. Es ist nicht nötig, für jedes Kind eine Konturenfarbe anzuschaffen. Viele Kinder haben solche Farben zu Hause und können sie mitbringen. Wenn man in der Schule nur einige Fläschchen zur Verfügung hat, kann das Aufzeichnen der Konturen nacheinander erfolgen.

Die Konturenfarbe muss nun 1 bis 2 Stunden (Flaschenaufdruck beachten!) trocknen. Dann können die entstandenen Flächen mit bunten Malfarben ausgefüllt werden. Die Farben werden dazu direkt aus der Flasche satt aufgetragen. Dies kann entweder vorlagengetreu geschehen oder die Kinder wählen ihre eigenen Farben.

Nach ca. 24 Stunden Trocknungszeit (Flaschenaufdruck beachten!) wäre es möglich, die entstandenen Bilder von der Folie abzuziehen und durch leichtes Andrücken auf die Fensterscheibe anzubringen. Da die Bilder beim Entfernen jedoch leicht kaputt gehen, kann man sie mit den Folien an die Fenster hängen. Die Kinder können so ihre Werke nach einiger Zeit unbeschädigt mit nach Hause nehmen.

Weitere Anregungen

● Schneller arbeitende oder leistungsfähigere Kinder erhalten den Auftrag, ein eigenes „Zootier" zu gestalten. Die Art kann vorgeben werden (weitere Haustiere, Tier auf dem Bauernhof, Tiere unter Wasser ...) oder die Kinder können frei wählen. Die Tiere werden zuerst mit Bleistift auf ein DIN-A4-Zeichenblatt vorgezeichnet und dann wie oben beschrieben gestaltet. Die schwarze Umrandung ergibt sich durch die Technik selbst; die Farbgebung kann durch die Auswahl der Malfläschchen gesteuert werden. Die Kinder können ihre Mitschüler raten lassen, welches Tier sie gestaltet haben.

Otmar Alt: Zootiere, 1995 (Hase, Hund, Katze, Pony, Igel, Papagei)
© Otmar Alt

Umrissbild: Zootiere (Hund)

Umrissbild: Zootiere (Hase)

64

Umrissbild: Zootiere (Pony)

Umrissbild: Zootiere (Katze)

65

Umrissbild: Zootiere (Papagei)

Umrissbild: Zootiere (Igel)

Funkelnde Fenster – Leuchtende Laternen

Wir bringen Otmar Alts Bilder zum Leuchten

Vorlage:

- Die Glaswelt Otmar Alts auf Folie
- ENRICO UND ALEX (2000) auf Folie

Medien:

- Overheadprojektor
- Bastelvorlage: Seitenteil (s. S. 71)
- Bastelvorlage: Boden (s. S. 72)
- Bastelanleitung (s. S. 70)
- Bildvorlagen im DIN-A5-Format (s. z. B. S. 44, 54 ff., 64 ff.) spiegelverkehrt kopiert
- Stift
- schwarzes Tonpapier
- buntes Transparentpapier
- Schere, Cutter
- Klebe
- Teelicht

Zeitbedarf: ca. 4 bis 6 Unterrichtsstunden

Thema und Intention

Sein Interesse am Fenster als Kunstwerk dokumentiert Otmar Alt in unterschiedlichen Arbeiten: TRAUMFENSTER von 1972, GENGENBACHER ADVENTSKALENDER von 1996. Nun ist das Herstellen einer Bleiverglasung in der Schule kaum möglich. Um jedoch die Wirkung eines Glasfensters zu erzielen, können mit Hilfe von schwarzem Tonpapier sowie Transparentpapier leuchtende Bilder gestaltet werden.

Ziele

- Umsetzen von Bildern Otmar Alts in eine andere Technik
- genaues und sauberes Arbeiten

Mögliche Vorgehensweise

Diese Technik ist den Kindern meist schon durch (meist weihnachtliche) Fensterbilder oder von Laternen vom Martinzug her bekannt. Die Umsetzung eines Bildes von Alt mit dieser Technik sollte jedoch noch einmal anhand der Bastelanleitung besprochen werden (schwarze Umrandungen = schwarze Stege aus Tonpapier; Farbflächen = Transparentpapier).
Die Kinder arbeiten bei der Herstellung der Laterne wie in der Bastelanleitung beschrieben:

1. Bastelvorlage der Seitenteile viermal und den Boden einmal auf schwarzes Tonpapier übertragen.

2. Die vier Seitenteile und den Boden ausschneiden.

3. Mit wenig Klebe jeweils eine Bildvorlage auf die Rückseite jedes Seitenteils kleben.

4. Flächen, die später mit Transparentpapier beklebt werden sollen, sorgfältig ausschneiden.

5. Bildvorlage vorsichtig entfernen.

6. Hinter die ausgeschnittenen Flächen buntes Transparentpapier kleben. Dazu das Tonpapier hinten mit Klebe bestreichen. Das Seitenteil hin und wieder gegen Licht halten und kontrollieren, ob sich die Farbflächen nicht überlappen.

7. Die Klebeflächen der vier fertigen Seitenteile an den gestrichelten Linien falten. Die Laterne zusammenkleben.

8. Ein Teelicht in die Laterne stellen.

Weitere Anregungen

- Die Kinder erhalten keine Vorlagen, sondern entwerfen die Bilder selbst.
- Die Laternen können auch in Gruppenarbeit gestaltet werden.
- Die Laterne kann mit einem Aufhänger aus Draht versehen werden. Dabei sollte jedoch die obere Kante der Laterne mit Pappe verstärkt worden sein.

Sollten die Kinder Fensterbilder gestalten, so benötigen sie keine Bastelvorlagen, sondern gehen wie folgt vor:

1. Mit wenig Klebe die Bildvorlage auf die Rückseite von schwarzem Tonpapier kleben.

2. Flächen, die später mit Transparentpapier beklebt werden sollen, sorgfältig ausschneiden.

3. Bildvorlage vorsichtig entfernen.

4. Hinter die ausgeschnittenen Flächen buntes Transparentpapier kleben. Dazu das Tonpapier hinten mit Klebe bestreichen. Das Bild hin und wieder gegen Licht halten und kontollieren, ob sich die Farbflächen nicht überlappen.

Otmar Alt: Enrico und Alex, 2000
Ausführung: Glasmalerei Dr. H. Oidtmann, Linnich
© Otmar Alt

Die Glaswelt Otmar Alts
Deutsches Glasmalerei-Museum, Linnich
© Otmar Alt

Meine Laterne

Du benötigst: Bildvorlagen, Bastelvorlagen (Seitenteile und Boden), Stift, Schere, Cutter, Klebe, schwarzes Tonpapier, buntes Transparentpapier, Teelicht

1. Übertrage die Bastelvorlage der Seitenteile viermal und den Boden einmal auf schwarzes Tonpapier.
2. Schneide die vier Seitenteile und den Boden aus.
3. Befestige mit wenig Klebe jeweils eine Bildvorlage auf die Rückseite der Seitenteile.
4. Schneide die Flächen, die du später mit Transparentpapier bekleben willst, sorgfältig aus.
5. Entferne die Bildvorlagen vorsichtig.
6. Klebe hinter die ausgeschnittenen Flächen buntes Transparentpapier. Bestreiche dazu das Tonpapier hinten mit Klebe. Halte dein Seitenteil hin und wieder gegen Licht und kontrolliere, ob sich die Farbflächen nicht überlappen.
7. Wenn die vier Seitenteile gestaltet sind, falte die Klebeflächen an den gestrichelten Linien. Klebe die Laterne zusammen.
8. Stelle ein Teelicht in deine Laterne.

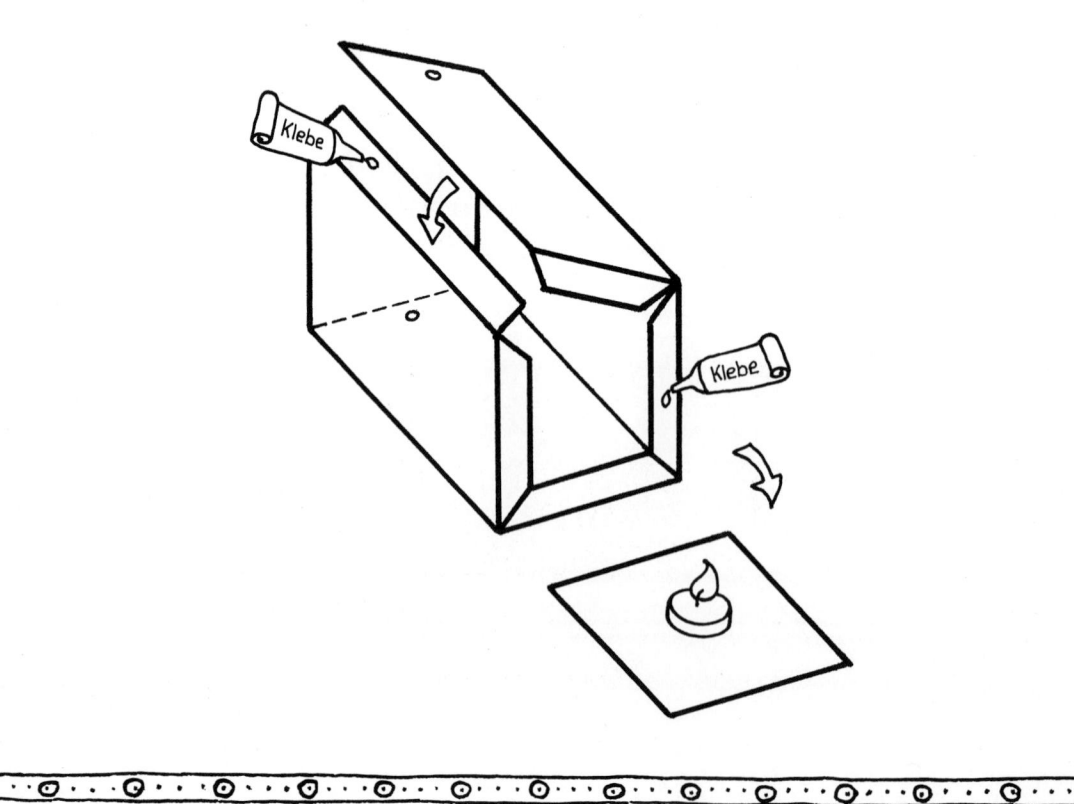

Bastelanleitung

Klebefläche

Klebefläche

Bastelvorlage: Seitenteil

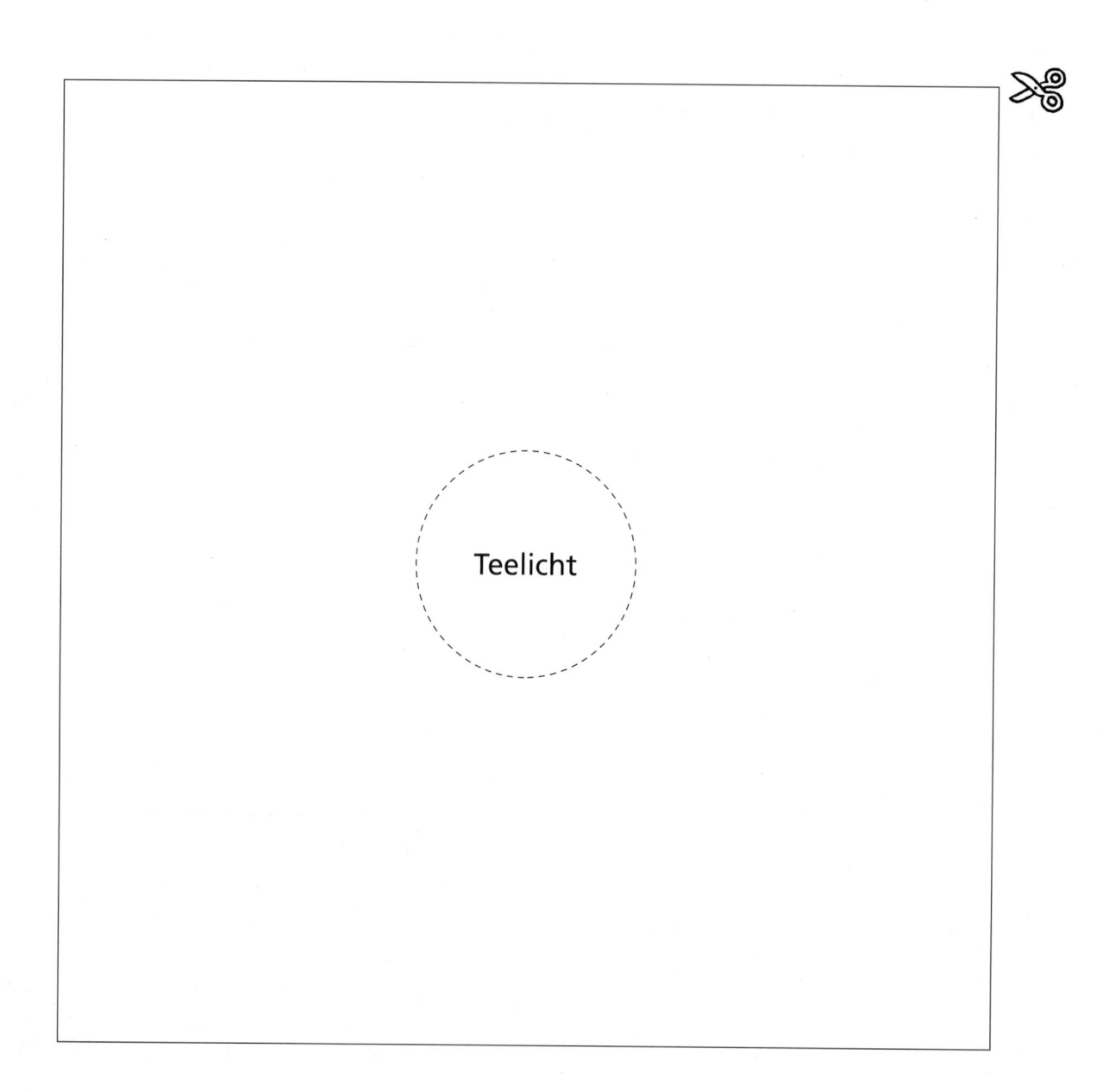

Teelicht

Bastelvorlage: Boden

Das Tor der Sehnsüchte

Eigene nicht heimliche Sehnsüchte bildlich darstellen

Vorlage:

- TOR DER SEHNSÜCHTE (2001) auf Folie

Medien:

- Overheadprojektor
- Fantasiegeschichte (s. S. 15 und S. 73)
- Umrissbild vom Tor der Sehnsüchte auf DIN-A3-Format vergrößert (s. S. 78)
- farbige Stifte, Kreiden oder Wasserfarben und Pinsel
- evtl. farbiges Ton- oder Buntpapier

Zeitbedarf: ca. 2 bis 3 Unterrichtsstunden

Thema und Intention

Das TOR DER SEHNSÜCHTE steht im Garten des Deutschen Glasmalerei-Museums in Linnich. Wer den mit Efeu bewachsenen Innenhof wie einen verzauberten Garten beschreibet, tritt durch das märchenhaft gestaltete TOR DER SEHNSÜCHTE. Das Tor besteht aus einem bemalten Stahlrahmen mit beleuchteten Echtantikglaselementen, Bleiverglasung und glasierter Keramik. Auf die Frage der Presse, was denn das Tor bedeuten könnte, antwortete Otmar Alt: „Das hat mit Fantasie zu tun. Es ist ein Ort der Begegnung. Jeder hat Sehnsüchte, geheime, nicht geheime, und geht man unter diesem Tor durch, dann soll man sich etwas wünschen."
Die Kinder gestalten in dieser Einheit „ihre" Sehnsüchte in das Tor.

Ziele

- seine eigenen Sehnsüchte zeichnerisch oder malerisch darstellen

Mögliche Vorgehensweise

Als Einstieg könnte die Fantasieerzählung vom Kapitel *Wesen mit seltsamen Namen* weitergeführt (oder auch neu eingeführt) werden:

„Zum Abschied führte der Zauberer Otmarius Altus die Kinder zu einem bunten Tor, bei dem einige Teile leuchteten wie Laternen. Er sprach zu ihnen: ‚Durch dieses Tor könnt ihr meinen Garten verlassen. Aber es ist kein gewöhnliches Tor. Es ist das Tor der Sehnsüchte. Wenn ihr unter diesem Tor hindurchgeht, dürft ihr euch etwas wünschen. Überlegt euch euren Wunsch wohl, denn ihr werdet mich und mein Zauberreich nie mehr wiedersehen.' Kaum hatte er die letzten Worte gesprochen, donnerte und blitzte es einige Male. Der Mann mit dem bunten Hut war verschwunden und die Geschwister standen allein vor dem wunderschönen Tor."

Die Kinder berichten nun im Unterrichtsgespräch, was sie sich an Stelle der Kinder in der Geschichte wünschen würden.
Anschließend erhalten die Kinder eine Umrisszeichnung des Tors. Mit Bunt- oder Filzstiften, Wachsmalkreiden oder Wasserfarben können sie das Tor bunt gestalten und anschließend ihre eigenen Sehnsüchte aufs Papier bringen.

Weitere Anregungen

Die Kinder werden sicher von selbst den Wunsch vorbringen, auch ein solches Tor zu bauen. Dies kann nun anschließend als Modell geschehen. Die Kinder müssen sich dabei nicht an Otmar Alts Vorlage halten – diese auch nur annähernd mit anderen Materialien umzusetzen wäre nicht einfach. Auch werden sie feststellen, dass ihr eigener Entwurf meist nicht einfach in ein dreidimensionales Modell umgewandelt werden kann.

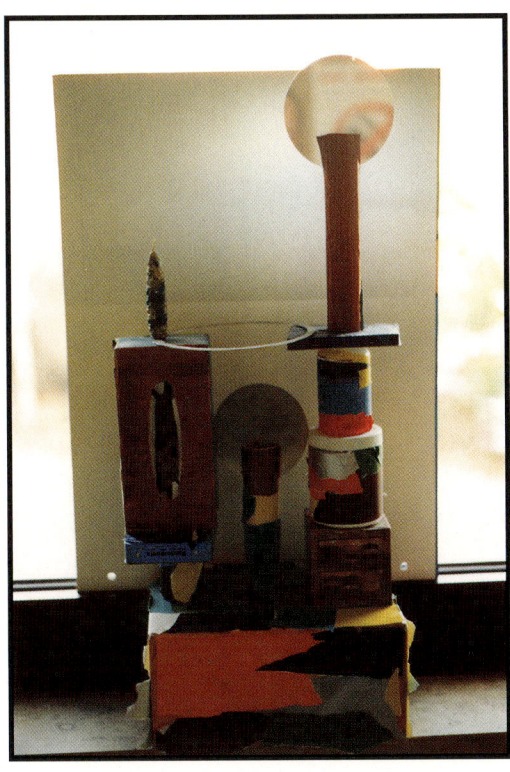

Das Tormodell muss folgende Bedingungen erfüllen: Es muss
- die Form eines Tores haben, durch das man hindurchgehen kann,
- den Gesetzen der Statik entsprechen,
- möglichst fantasievoll gestaltet sein.

Im Klassenunterricht oder in Gruppenarbeit können die Kinder zusammentragen, was sich zum Bau eines solchen Tores alles verwenden ließe und wie die einzelnen Teile verbunden werden könnten. Die verschiedenen Techniken können kurz erprobt und dann umgesetzt werden:

- Aus Bausteinen können fantasievolle Tore entstehen.

- Gebohrte Eisstäbe und Rundstäbe (im Fachhandel erhältlich) werden bunt bemalt und dann zusammengesteckt.

- Pappstücke, Pappstreifen, kleinere Schachteln usw. können zugeschnitten, bunt bemalt und mit Klebe bzw. doppelseitigem Klebeband verbunden werden. Ein stabiler Karton kann dabei als Grundplatte dienen.

- Äste werden mit Hilfe von Bändern oder Blumenbindedraht zu einem Tor verbunden und verziert, z. B. mit echten oder künstlichen Blüten, Federn …

- Auch ein Skelett- bzw. Gerüstbau kann einfach entstehen: Auf einer Grundplatte wird aus Styropor-Verpackungsformteilen (Füllmaterial), z. B. von der örtlichen Recyclingstelle, die durch Zahnstocher verbunden werden, ein Tor konstruiert. Auch hier sollten die Teile vorher eingefärbt werden.

- Auch aus buntem Papier, z. B. Tonpapier, Glanzpapier oder Zeitungspapier, kann ein Tor entstehen. Die rechteckigen Papierstücke werden möglichst eng diagonal zusammengerollt. Diese so entstandene recht stabile Papierröhre wird in der Mitte durch etwas Klebeband gegen das Wiederaufrollen gesichert und an den äußeren Enden durch Klebeband stabilisiert. Die einzelnen Papierröhren können entsprechend zugeschnitten werden. Mit Blumenbindedraht, Wollresten oder Klebeband werden sie verbunden.

- Möglich wäre auch ein Tor aus stabilen Drahtstücken, die in einen Holzklotz gesteckt werden, der mit Bohrlöchern (Handbohrer) versehen wurde. Die Drähte werden fantasievoll zurechtgebogen und können durch verschiedenes Dekorationsmaterial verziert werden: Schaumstoffe, Styroporteile, Papiere, Pappen, Folien, Federn, Pfeifenputzer, Wolle usw. Das Verbinden der einzelnen Teile geschieht durch Klebeband, Klebe oder mit Hilfe der Heißklebepistole.

- Mit älteren Kindern wäre es auch möglich, ein größeres „Tor der Sehnsüchte" zu bauen, evtl. aus Dosen, Pappröhren und Schachteln, die mit Abtönfarbe bemalt werden. Dabei können auch Laternen (siehe Kapitel *Funkelnde Fenster – Leuchtende Laternen* S. 67 ff.) mit eingebaut werden. Dieses Tor könnte seinen festen Platz, z. B. in der Aula oder Pausenhalle, bekommen.

- Mit Hilfe der verschiedenen erprobten Techniken können auch andere Bauwerke entstehen, wie z. B. Brücken, Türme oder Häuser.

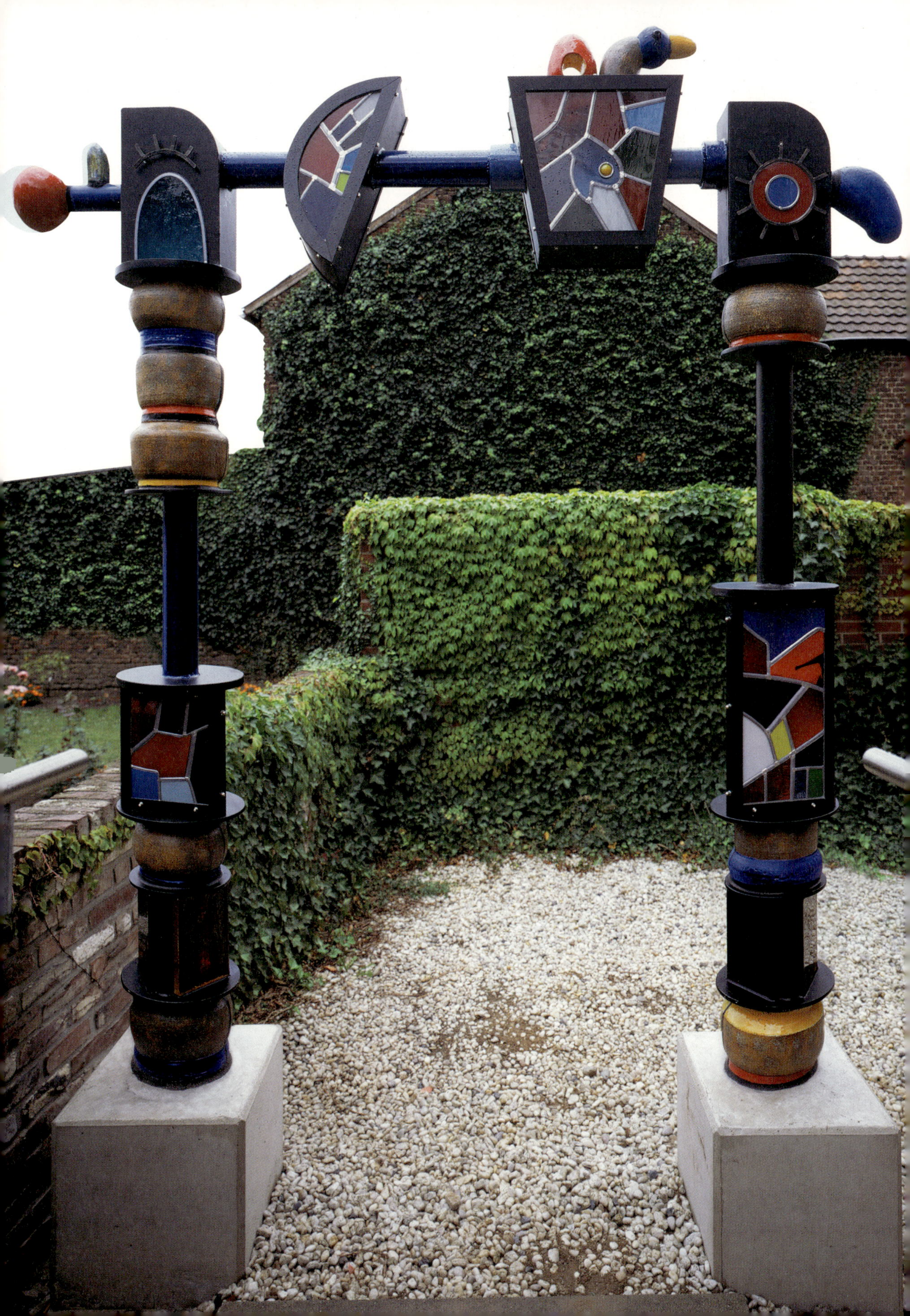

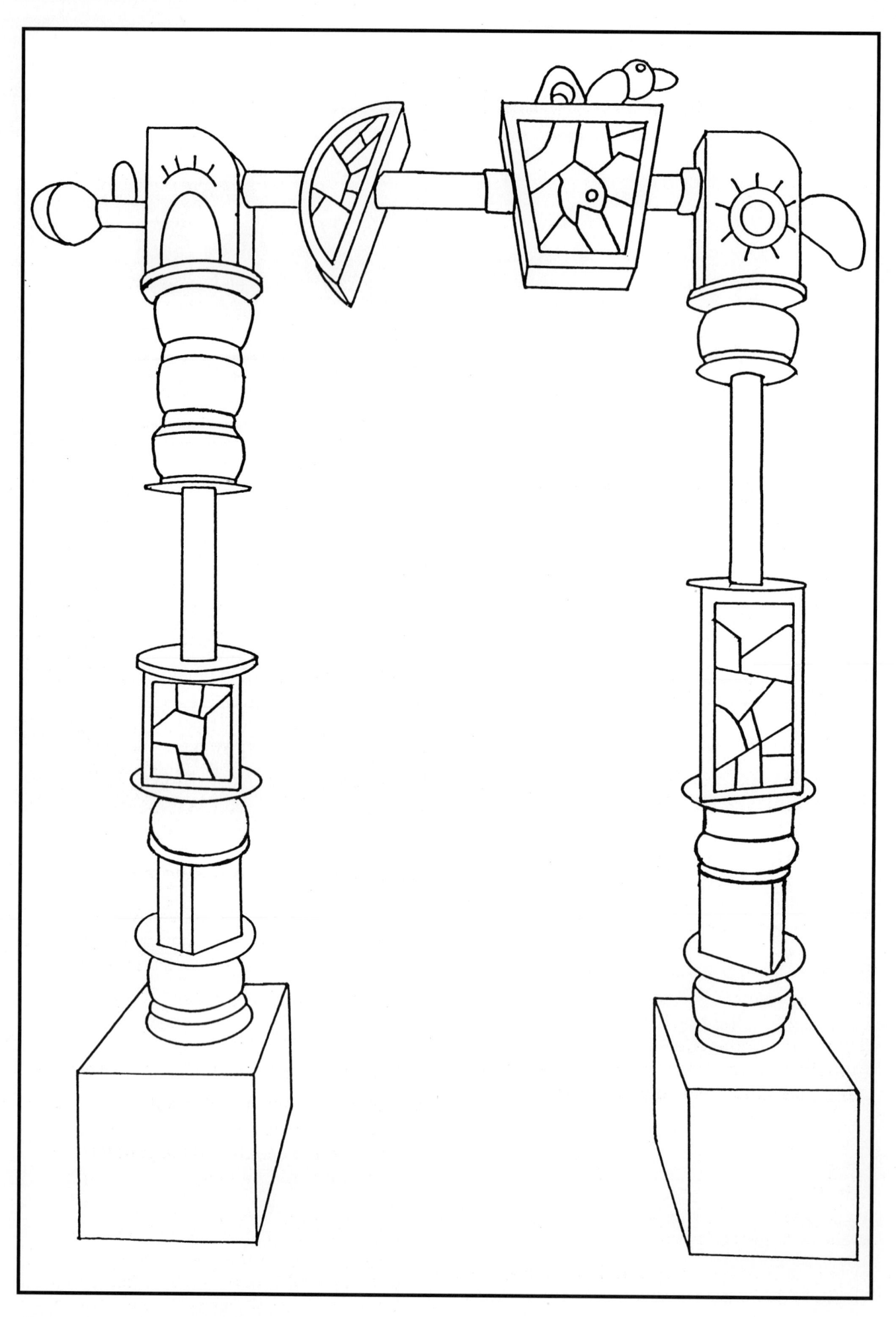

Umrissbild: Tor der Sehnsüchte

Eine Brille für jede Gelegenheit

Eine eigene Brille entwerfen und herstellen

Vorlage:

- ENTWURF EINER BRILLE auf Folie

Medien:

- Overheadprojektor
- Plakat (s. S. 82)
- Brillen-Vorlage (s. S. 83 f.) oder von den Kindern selbst entwickelte Brillenformen oder alte Brillengestelle
- Stift
- Schere, Cutter
- Klebeband oder Hefter
- Klebe
- verschiedene Papiere, Abfallmaterialien und weitere Materialien (je nach Entwurf)

Zeitbedarf: 2 bis 4 Unterrichtsstunden

Thema und Intention

Durch Otmar Alt werden aus banalen Gebrauchsgegenständen kleine Kunstwerke und damit erreicht der Künstler nicht nur Kunstkenner, sondern jeden, der es zulässt.
Ausgehend vom Brillenentwurf Otmar Alts gestalten die Kinder eine eigene Brille.

Ziele

- sich inspirieren lassen
- originelle Brille entwerfen und dabei kreative Kombinationen von Materialien finden
- Entwurf in ein Modell umsetzen

Mögliche Vorgehensweise

Ankündigung eines Wettbewerbs:
Das Plakat könnte aufgehängt werden. Gemeinsam wird die Vorgehensweise besprochen:

- Wie viel Zeit steht zur Verfügung?
- Wer stellt die Jury?
- Wird in Gruppen oder einzeln gearbeitet?
- Welche Techniken sind erlaubt?
  Alte Brille bekleben
  Pappvorlage bauen und ausgestalten
  Brille aus Draht biegen
  …
- Gibt es ein Thema?
  <u>Brille für ein bestimmtes Land:</u>
  Brillengestell in den Landesfarben; oder
  Schweiz: gelb, mit Löchern, wie Schweizer Käse

Frankreich: mit einem Baguette als Bügel über den Brillengläsern
England: mit Scheibenwischern
Italien: Brillengläser herzförmig

<u>Brille für einen bestimmten Beruf:</u>
Banker: mit Geld beklebt
Lehrer: mit Rotstift oder Kreide bestückt
Arzt: mit Pflaster oder einer Binde umwickelt
Maurer: aus Mauersteinen aufgebaut
Floristin/Gärtner: mit Blumen beklebt

<u>Brille für ein bestimmtes Hobby:</u>
Computerfreak: aus Drähten und mit Computerteilen bestückt
Briefmarkensammler: mit Briefmarken beklebt
Radfahrer: Brille in Form eines Fahrrades

Die Kinder arbeiten je nach Absprache selbstständig an ihren Brillen.

Als Hilfe könnte den Kindern auch eine Brillenvorlage (s. S. 83 f.) zur Verfügung gestellt werden, die sie nur noch (je nach Thema) ausgestalten müssen. Leistungsstärkere Kinder können auch das Gestell aus Abfallmaterialien selbst entwickeln.

Die abgegeben Brillen werden gesammelt und bei einer bestimmten Gelegenheit prämiert.

Hinweis

Bei uns geschah die Prämierung anlässlich eines Schulfestes. Die Brillen wurden ohne Namen, aber mit Nummern versehen und nach Jahrgängen geordnet ausgestellt. Vertreter der Schulleitung, des Lehrerkollegiums, der Verwaltung, des Elternbeirats, des Stadtrates und der Presse wurden gebeten, auf einem Zettel, der mit den Nummern versehen war, die besten 10 Brillen auszusuchen und mit Punkten von 10 bis 1 zu versehen. Dabei sollten die Jurymitglieder die Altersangabe mit berücksichtigen. Anschließend wurden die Zettel ausgewertet, und am Ende des Schulfestes bekamen die besten Designer einen Preis. Die restlichen erhielten einen Trostpreis.

Alle Brillen wurden dann eine längere Zeit in einer Bank unseres Ortes ausgestellt und konnten so von der Öffentlichkeit bestaunt werden (noch besser wäre es natürlich, wenn die Brillen z. B. im Schaufenster eines Optikers ausgestellt werden könnten).

Wettbewerb für alle Kinder

Wer gestaltet die originellste Brille?

© Otmar Alt

Der Künstler Otmar Alt hat auch ein Brillengestell entworfen. Kannst du das auch?

Vorlage: Brillen (1)

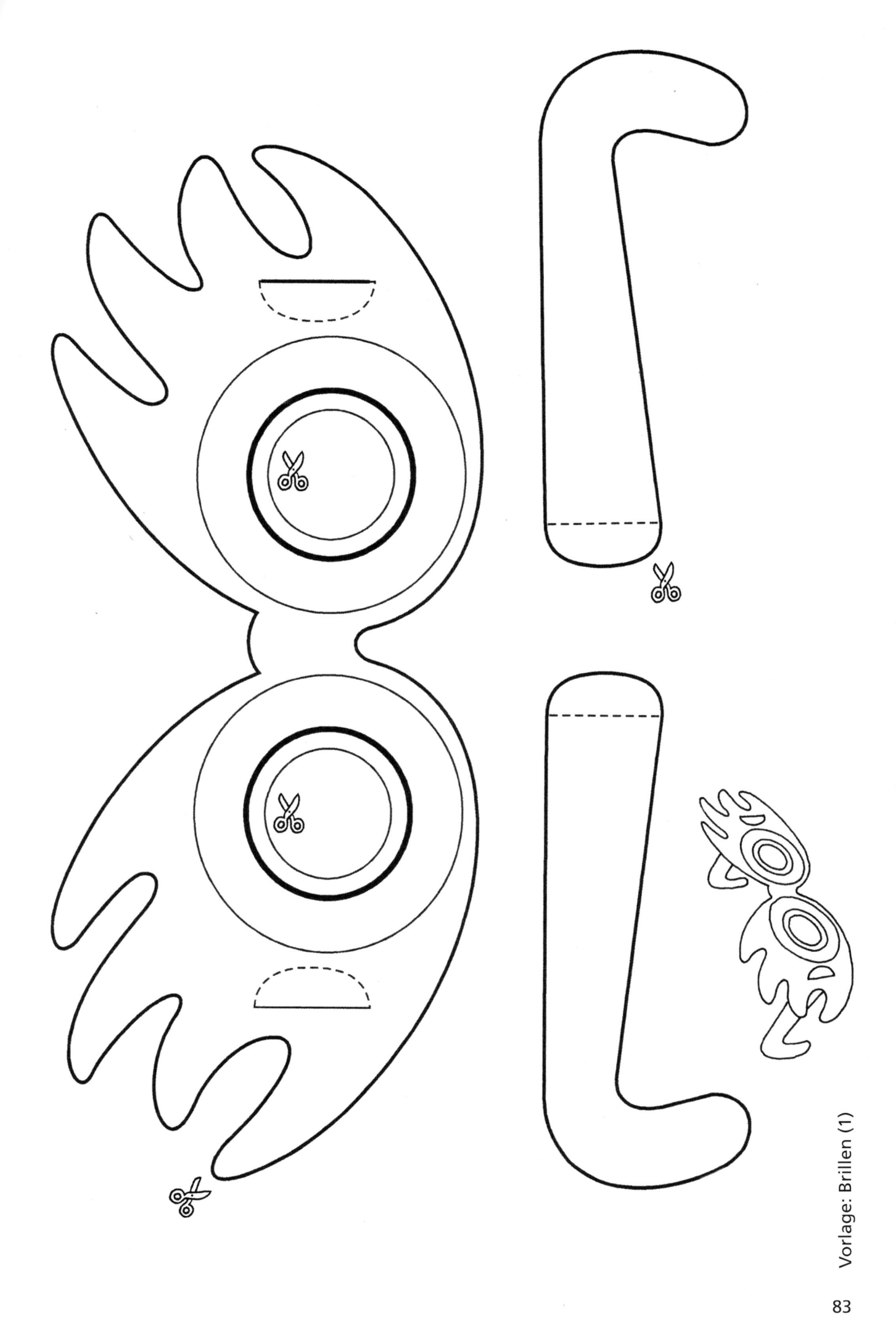

83

Vorlage: Brillen (2)

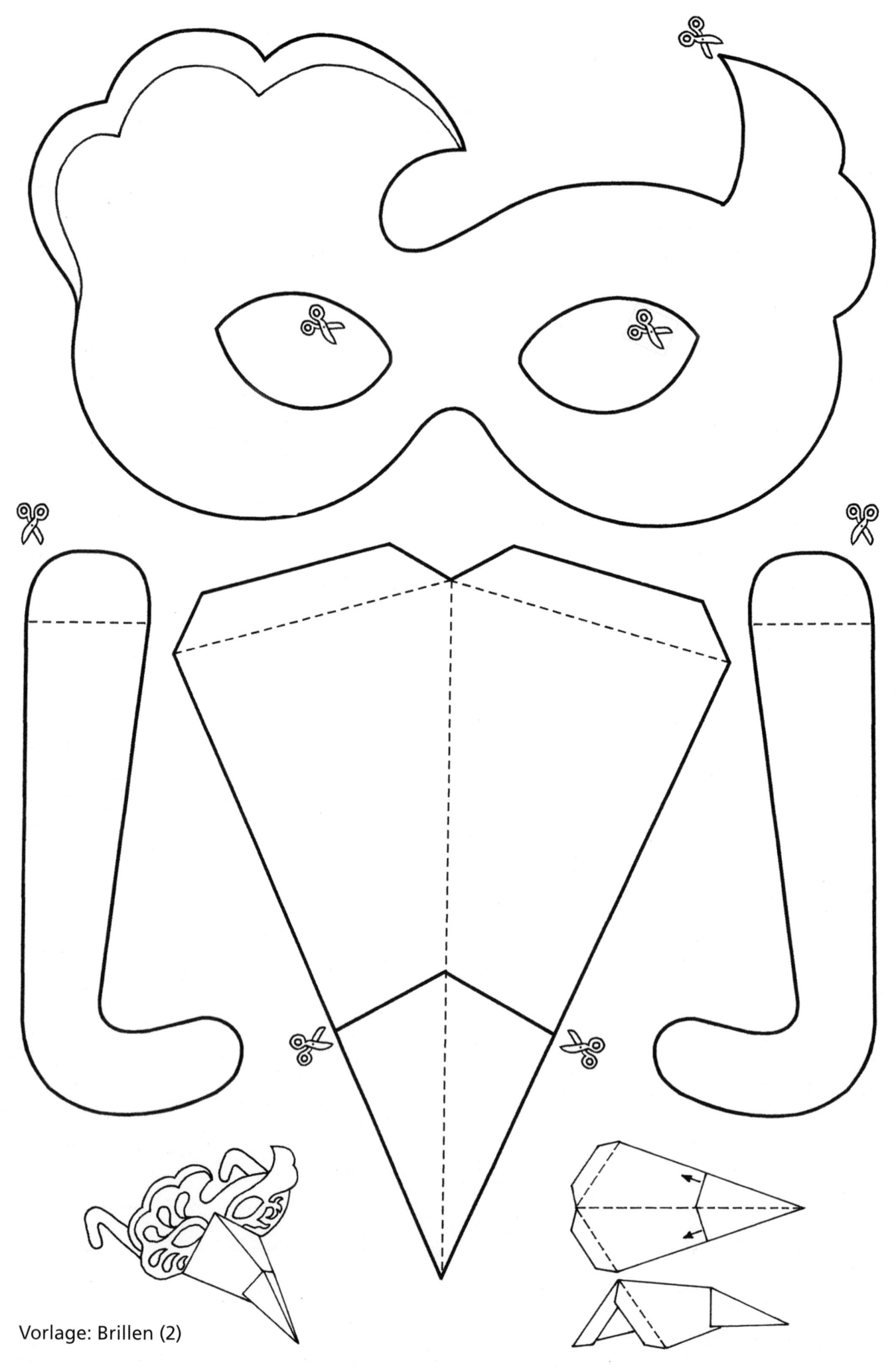

84

Ein besonderes Geschirr

Ein eigenes Geschirr entwerfen und herstellen

Vorlage:
- Love Cups (1990) auf Folie

Medien:
- Overheadprojektor
- Geschirr/Geschirrabbildungen
- Papier für Entwürfe
- Bleistift, Bunt- oder Filzstifte
- einfarbiges Geschirr, darf nicht kunststoffbeschichtet oder lackiert sein
- Kohlepapier
- Spiritus, alte Lappen
- Porzellanmalfarben auf Wasserbasis, Pinsel, alte Lappen
- Backofen

Zeitbedarf: 2 bis 4 Unterrichtsstunden

Thema und Intention

Keine Berührungsängste zeigt Otmar Alt in Bezug zur Popularisierung von Kunst. Neben Kinderspielzeug, Autos, Telefonkarten gestaltet er u. a. auch Geschirr.
Diese Unterrichtsidee gibt den Kindern die Möglichkeit – ganz wie Otmar Alt –, aus einem banalen Gebrauchsgegenstand ein kleines Kunstwerk zu schaffen.

Ziele
- ein eigenes Dekor für Teller und Tasse entwerfen
- verschiedene Malgründe erfahren
- den Entwurf praktisch umsetzen

Mögliche Vorgehensweise

Den Kindern wird eine Abbildung der Love Cups (s. S. 87) gezeigt. Sie erfahren, dass Otmar Alt nicht nur Bilder und Skulpturen hergestellt, sondern auch Alltagsgegenstände gestaltet hat.
Die Kinder sammeln Abbildungen von Geschirr und bringen evtl. auch eigene Teller und Tassen mit. Es werden die unterschiedlichen Möglichkeiten der Gestaltung besprochen:

- großes Motiv über Teller und Tasse
- Muster über das ganze Geschirr (z. B. Zwiebelmuster)
- Motiv nur in der Mitte des Tellers
- Motiv/Muster nur am Tellerrand

Die Kinder erhalten nun Papier und entwerfen ihr ganz persönliches Geschirr. Dabei können sie sich von Otmar Alt inspirieren lassen und ihre eigene Idee verwirklichen. Das Motiv kann „zeitlos" sein oder sich auf bestimmte Anlässe beziehen (z. B. Weihnachten, Ostern, Fest …). Die Kinder können dazu auch Schablonen herstellen und verwenden.

Nun wird besprochen, wie in den Porzellanmanufakturen die Farbe auf das Porzellan kommt. Möglich wäre auch der Einsatz eines Films. Die Kinder sollen erkennen, dass sowohl eine maschinelle Farbgebung möglich ist, als auch eine Bemalung von Hand.

Das Porzellan muss vor dem Bemalen gründlich mit Spiritus gereinigt werden.

Dann können die Kinder ihre Entwürfe mit Schablonen oder Kohlepapier auf das Geschirr übertragen oder mit einen Zeichenstift frei aufzeichnen.

Die vorgezeichneten Entwürfe werden nun mit den Porzellanfarben ausgestaltet. Die Farben sind untereinander mischbar und können deckend oder lasierend aufgetragen werden. Wenn Konturenfarbe verwendet wird, sollte man diese erst gut trocknen lassen, bevor ausgemalt wird. Durch vorsichtiges Abwischen mit einem Lappen sind Korrekturen möglich.

Das bemalte Geschirr muss nun die empfohlene Zeit trocknen und wird dann im Backofen mit der vorgeschriebenen Temperatur gebrannt (bitte Gebrauchsanweisung beachten). Die Bemalung ist witterungsbeständig, wasserfest und spülmittelbeständig.

Weitere Anregungen

- Die Kinder gestalten unbeschichtete Pappteller mit Wasserfarben.

Otmar Alt: Love Cups, 1990

Ein Theater in der Schachtel

Einmal Bühnenbildner sein...

Vorlage:

- DER NUSSKNACKER (2002) auf Folie

Medien:

- Overheadprojektor
- Schachtel (z. B. Schuhkarton)
- evtl. deckende Farbe (Tempera, Abtönfarbe, Acrylfarbe ...)
- Karton- bzw. Pappstücke; evtl. farbiges Tonpapier
- farbige Stifte; evtl. Wasserfarben und Pinsel
- Schere, Klebe; evtl. Cutter
- Kiefernleisten, Eisenbügelsäge

Zeitbedarf: in Einzelarbeit ca. 8 Unterrichtsstunden; in Gruppenarbeit entsprechend weniger

Thema und Intention

Otmar Alt hat für etliche Theater- und Ballettstücke das Bühnenbild und die Ausstattung entworfen. Nun haben nicht alle Kinder die Möglichkeit, sich im Rahmen einer Theateraufführung in der Schule als echte Bühnenbildner zu betätigen. Bei einem eigenen Theater in der Schachtel ist dies möglich. Hier können Kulissen, Kostüme und Requisiten gestaltet und immer wieder neu arrangiert werden.

Ziele

- Gestalten einer Schachtel als Theater
- Herstellen von auswechselbaren Kulissen, Requisiten und Darstellern
- Erproben im Spiel

Mögliche Vorgehensweise

Die Kinder entscheiden sich für ein Stück, das sie spielen wollen. Dies kann entweder ein direkt als Rollenspiel vorgegebenes sein oder ein Lesestück oder Buch, das sie umsetzen. Natürlich wäre es auch möglich, die Kinder ein eigenes Stück erfinden zu lassen.

Aus den Schachteln wird fensterartig ein Seitenteil ausgeschnitten, wobei ein Steg vorne stehen bleiben muss, an dem dann später der Vorhang befestigt wird.

Bedruckte Schachteln werden außen mit einer deckenden Farbe bemalt oder mit Papier beklebt.

Die Kinder gestalten anschließend Hintergrund und Kulissen auf entsprechend großen Stücken Karton oder Pappe. Es kann gezeichnet, gemalt oder collagiert werden. Hintergrund und Kulissen werden an die Leisten geklebt, die in kleine Ausschnitte an der Oberkante der Schachtelseitenteile gesteckt werden können. Je nach Größe der Schachtel können 4 bis 5 Leisten hintereinandergehängt werden.

Der Boden der Schachtel wird entweder bemalt oder beklebt oder erhält auswechselbare Abdeckungen.

Besonders geschickte Kinder könnten es vielleicht sogar schaffen, aus Stoff, einem Rundstab und einer Schnur einen aufziehbaren Vorhang anzufertigen.

Zum Schluss werden passende Figuren gezeichnet, angemalt und ausgeschnitten. An die Papprückseite wird eine Kiefernleiste als Führungsstab geklebt.

Nun ist das Theater fertig und das Spiel kann beginnen.

Die Bühne kann mit auswechselbaren Kulissen immer wieder abgeändert und verschiedenen Stücken angepasst werden.

Ein Bühnenvorhang wird gestaltet (Pappe bemalen oder aus Tonkarton, der eventuell sogar bedruckt ist, ausschneiden) und am vorderen Steg befestigt. Dabei kann der Vorhang an den Seiten überstehen.

Otmar Alt: Der Nussknacker, 2004
© Otmar Alt

Otmar Alt: Der Nussknacker, 2004
© Otmar Alt

Computerbilder

Auch mit dem Computer kann man malen

Vorlagen:
- beliebige Bilder von Otmar Alt (s. z. B. S. 24 ff., 44, 63)

Medien:
- Computer mit geeigneter Software (z. B. Paint)
- Farbdrucker

Zeitbedarf: ca. 1 bis 2 Unterrichtsstunden

Thema und Intention

Die Werke Otmar Alts eignen sich in besonderer Weise dazu, sie mit einem einfachen Zeichenprogramm am Computer nach-, weiter- oder umzugestalten. Auch Kindern, die noch keine oder wenig Erfahrung mit dem Computer haben, gelingt schon innerhalb einer kurzen Zeit ein solches Bild.

Ziele

- ein Werk Otmar Alts in ein Computerbild umsetzen
- ein eigenes Bild entwerfen
- den Computer als Gestaltungsmittel kennen lernen

Mögliche Vorgehensweise

Diese Unterrichtseinheit lässt sich natürlich nur durchführen, wenn die technischen Voraussetzungen gegeben sind. Wer keinen großzügig ausgestatteten Computerraum benutzen kann, hat die Möglichkeit, am klasseneigenen Computer alles einmal vorzumachen und die Kinder dann nacheinander, vielleicht in der Freiarbeit oder bei der Wochenplanarbeit, gestalten zu lassen.

Als Werkzeuge werden benötigt:
- Zeichenwerkzeuge (Stift, Pinsel)
- Füllwerkzeuge (Eimer)
- Zoom (Lupe)
- Retuschierwerkzeug (Radiergummi)
- Auswahl (Freihandauswahl, Viereck …)

Sollten die Kinder noch nicht mit einem Bildbearbeitungsprogramm gearbeitet haben, müssten erst einmal die benötigten Werkzeuge besprochen und ausprobiert werden.
Wenn die Kinder die verschiedenen Werkzeuge kennen (was relativ schnell der Fall sein wird), wählen sie sich eine Vorlage aus.
Zuerst werden die schwarzen Umrisslinien mit einem Zeichenwerkzeug vorgezeichnet oder mit der Auswahl bestimmt.
Mit dem Füllwerkzeug färben die Kinder nun die entstandenen Flächen ein. Da Otmar Alt meist reine Farben verwendet, reichen die Standardfarben der Palette meist aus.
Das entstandene Bild kann abgespeichert und mit einem Farbdrucker ausgedruckt werden.

Hinweis

Die Kinder sollten auch die Möglichkeit erhalten, eigene Werke mit dem Computer umzusetzen bzw. neue Werke – frei nach Otmar Alt – zu gestalten.

Wandbilder auf Seide

Ein kostbares Wandbild gestalten

Vorlagen:
- beliebige Bilder von Otmar Alt (s. z. B. S. 44)

Medien:
- Zeichenblock, Bleistift, schwarzer Filzstift
- Seide
- Bleistift oder Sublimatstift zum Vorzeichnen auf Seide
- Stecknadeln
- Spannrahmen, Spannkrallen
- Seidenmalfarben zur Bügelfixierung
- Konturmittel in Schwarz
- Pinsel
- evtl. Effektsalz
- Bügeleisen

Zeitbedarf: 4 bis 6 Unterrichtsstunden

Thema und Intention

Otmar Alts klar strukturierte Werke eignen sich in hervorragender Weise dazu, sie mit Seidenmalfarben nachzugestalten. Mit dieser Technik können wertvolle Wandbilder, aber auch Tücher und Schals hergestellt werden.

Ziele
- Umsetzen von Bildern Otmar Alts in eine andere Technik
- genaues und sauberes Arbeiten

Mögliche Vorgehensweise

Die Kinder wählen eine Vorlage aus, übertragen die Umrisse in der gewünschten Größe auf ihr Zeichenblatt und spuren sie dann mit schwarzem Filzstift nach.

Die Seide wird dann auf diese Vorlage gelegt und mit Stecknadeln befestigt. Anschließend werden alle Konturen mit einem Bleistift oder Sublimatstift übertragen.

Die Kinder spannen nun die Seide fadengerade und straff mit Hilfe von Spannkrallen auf den Spannrahmen. Alle Linien werden mit schwarzem Konturmittel nachgezogen. Wichtig ist, dass die Kinder darauf achten, alle Farbfelder zu schließen. Zur Kontrolle kann die Seide gegen das Licht gehalten werden.

Erst wenn alle Konturlinien trocken sind, kann mit dem Ausmalen der Flächen begonnen werden.

Die typische Farbgebung Otmar Alts wird, falls sie den Kindern noch nicht bekannt ist, besprochen. Eventuell werden Farbkarten an die Tafel geheftet.

Die bemalte Seide wird nach dem Trocknen fixiert.
Die fertigen Wandbilder können auf einen bunt bemalten Holzrahmen aufgespannt werden.

Weitere Anregungen

- Es kann auch in einer Gemeinschaftsarbeit ein großes Stoffbild gestaltet werden, das vielleicht sogar als Baldachin die Leseecke gemütlicher werden lässt.

3. Literaturangaben und Internetseiten

ALT, OTMAR: *Geschichten eines Clowns.* Dortmund o. J.
ALT, OTMAR und ILSE BINTIG (Illus.): *Baalabu – oder die Reise zum Glück.* Hamm 2000
ALT, OTMAR: *Der Mann aus dem Rote-Grützeland. Katalog zur Ausstellung.* Neuss 1983
ALT, OTMAR: *Otmar Alt. Gouachen und Ölbilder.* Düsseldorf 1977
ALT, OTMAR: *Otmar Alt. Ölgemälde und Zeichnungen. Katalog.* Düsseldorf 1967
ALT, OTMAR: *Otmar Alt. Gemälde und Plastiken aus den Jahren 1964–1974.* Köln 1974
ATHENSTÄDT, W. (Hrsg.): *Otmar Alt.* Heidelberg 1994
KAPP, VOLKER: *Otmar Alt. Ein Künstler seiner Zeit.* Hamm 1988
KREMER, RÜDIGER und OTMAR ALT (Illus.): *Die Katzen des Königs der Spatzen.* Düsseldorf 1985
NESTLER, IRIS: *Otmar Alt – Trolle, Gnome und andere Wirklichkeiten.* Bönen 2001
THEATER HOF (Hrsg.): *Pas de Bleu oder Wie die Farben tanzen lernen.* Laufen 2002

www.otmar-alt.com
www.otmaralt.de
www.warekunst.de

4. Platz für eigene Ideen

Innovative, fantasievolle Ideen für Ihren Kunstunterricht

Ursula Garais
Kinder entdecken Paul Klee

Die kunterbunte Fundgrube für den Kunstunterricht

Die Kinder lernen Paul Klee, einen der bedeutendsten Künstler der ersten Hälfte des 20. Jahrhunderts, umfassend kennen. Auf vielfältige Weise werden sie dabei kreativ. Sie kleben mit Wolle Linienbilder, beschreiben ein Kunstwerk mit Tönen und Geräuschen, binden Figuren in eigene Werke ein, drucken Tierbilder mit dem Schnurdruck, gestalten Winterlandschaften, erfinden fantastische Bildtitel, ordnen Kunstwerke neu an u. v. m. Viele tolle Unterrichtsvorschläge mit praktischen Tipps machen es auch fachfremd unterrichtenden Lehrern leicht, Kindern Paul Klees geheimnisvolle Kreaturen und sonderbare Zeichen näher zu bringen.
Paul Klees spannende und aufregende Welt der Zeichen und Symbole entdecken!

Kerstin Bommer, Angelika Hofmockel
Kinder entdecken die Künstlergruppe „Der Blaue Reiter"!

Die kunterbunte Fundgrube für den Kunstunterricht

Die herausragende Künstlergruppe des deutschen Expressionismus – Der Blaue Reiter – spricht durch seine farbenfrohe Malerei und seine kühne Vereinfachung der Formen Kinder in besonderer Weise an. Sie lernen bedeutende Künstler der klassischen Moderne – wie Franz Marc, August Macke, Wassily Kandinsky, Paul Klee und Gabriele Münter – mit ihren Werken kennen. Auf vielfältige Weise können sie dabei kreativ werden: Sie gestalten Schnipselbilder, lassen einen Zauberwald im Gucklochschuhkarton wachsen, stempeln eine Wüstenstadt, legen ein Aquarium im Einmachglas an u. v. m. Viele tolle Unterrichtsvorschläge mit praktischen Tipps machen es auch fachfremd unterrichtenden Lehrerinnen und Lehrern leicht, Kinder an der mutigen und schöpferischen Bewegung der Moderne teilhaben zu lassen.
So bringen Sie Ihren Schüler/-innen den deutschen Expressionismus nahe!

Buch
80 Seiten, farbig, DIN A4
1. bis 6. Klasse
Best.-Nr. 3739

Foliensatz
17 Farbfolien, DIN A5
1. bis 6. Klasse
Best.-Nr. 3740

Buch
108 Seiten, farbig, DIN A4
1. bis 4. Klasse
Best.-Nr. 3529

Foliensatz
20 Farbfolien, DIN A5
1. bis 4. Klasse
Best.-Nr. 3531

Tanja Faseler, Reinhild Harling
Kinder entdecken Niki de Saint Phalle

Die kunterbunte Fundgrube für den Kunstunterricht

Die farbenfrohen Arbeiten der Künstlerin Niki de Saint Phalle sprechen die Kinder auf ganz besondere Weise an. Mit Freude gestalten sie Skulpturen in knalligen Farben nach. Damit das optimal gelingt, finden Sie neben ausgearbeiteten Stundenentwürfen zu ausgewählten Werken der Künstlerin u. a. auch Informationen über ihr Leben, Tipps zur Organisation der künstlerischen Arbeit, Differenzierungsmöglichkeiten und Beispielarbeiten von Kindern. Das Buch umfasst größere Projekte als auch kleinere Unterrichtseinheiten.
Das Werk der Künstlerin erleben und nachgestalten!

Birgit de Coster
Kinder entdecken Hundertwasser

Die kunterbunte Fundgrube für den Kunstunterricht

Ein Künstler, der mit fantasievollen Formen und am liebsten mit knalligen Farben spielt, spricht auch Kinder an. Die Schülerinnen und Schüler lernen neben der Person Friedensreich Hundertwasser auch Merkmale seines Kunststils kennen, um diese dann mithilfe eigener Einfälle in neue Werke umzusetzen. Auf vielfältige Weise können die Kinder dabei in Anlehnung an Hundertwasser kreativ werden, indem sie Bilder verfremden und z. B. Collagen, Papphäuser oder Kissenbezüge gestalten.
So gestalten Sie motivierenden Kunstunterricht!

Buch
80 Seiten, DIN A4
2. bis 4. Klasse
Best.-Nr. 3785

Buch
68 Seiten, farbig, DIN A4
1. bis 4. Klasse
Best.-Nr. 3878

Foliensatz
10 Farbfolien, DIN A5
1. bis 4. Klasse
Best.-Nr. 3879

Unser Bestellservice:

Das komplette Verlagsprogramm finden Sie in unserem Online-Shop unter

www.persen.de

Bei Fragen hilft Ihnen unser Kundenservice gerne weiter.

Deutschland: ☏ 0 40/32 50 83-040   ·   Schweiz: ☏ 052/366 53 54   ·   Österreich: ☏ 0 72 30/2 00 11